AF385563

CATALOGUE

D'ESTAMPES ANCIENNES

CATALOGUE

DE LA COLLECTION

D'ESTAMPES ANCIENNES

PROVENANT

Du Cabinet de M. H. de LA SALLE

DONT LA VENTE AUX ENCHÈRES PUBLIQUES AURA LIEU

HOTEL DES COMMISSAIRES-PRISEURS

RUE DROUOT, 5

Salle n. 4, au premier

Le Lundi 21 Avril 1856, et jours suivants

A UNE HEURE

Par le ministère de Mᵉ **DELBERGUE-CORMONT**, Commissaire-Priseur, rue de Provence, 8.

EXPOSITION PUBLIQUE

Le Samedi 19 et Dimanche 20 Avril, de midi à cinq heures.

PARIS

P. DEFER

ANCIEN MARCHAND D'ESTAMPES

Quai Voltaire, n. 21.

1856

AVERTISSEMENT.

Il y aura exposition le matin de chaque vacation, de onze heures à midi. L'entrée sera jusqu'à midi par la rue de Rossini.

Les expositions mettant à même MM. les amateurs et marchands, de juger de la qualité et conservation des estampes, il ne sera admis aucun cas rédhibitoire une fois l'adjudication prononcée.

Il sera perçu cinq pour cent en sus des enchères.

Un ordre de vacation sera délivré ultérieurement.

LE CATALOGUE SE DISTRIBUE

A Paris	MM. Delbergue-Cormont, Commissaire-Priseur, rue de Provence, 8.
	Defer, expert, quai Voltaire, 21.
	Potier, libraire, quai Malaquais, n. 11.
Londres	Colnaghi, marchand d'estampes.
	Graves et Cie, dito.
	Évans et fils, dito.
Amsterdam	Buffa et fils, dito.
	Buffa frères, dito.
	Gruyter, dito.
Leipsick	R. Weigel, marchand d'estampes.
Vienne	Artaria et Cie, dito.
Liège	Van Marck, dito.
Rotterdam	Lamme.
Mannheim	Artaria et Fontaine.

Commencée il y a trente ans, notre collection d'estampes
anciennes a été formée très-lentement, et s'est enrichie petit
à petit, à l'aide de presque toutes les belles ventes qui ont eu
lieu depuis l'année 1825 : elle renferme des pièces d'élite
sorties des cabinets *Ed. Durand*, *van Puten*, *Denon*,
Revil, *de Schivaux*, *Robert-Dumesnil*, *Debois*, *Verstolk de
Soëlen*, et enfin, de la collection *Van den Zande*, vendue
l'année dernière. En rassemblant ces estampes, nous nous
étions proposé de former une histoire de l'art de la gravure
dans les principales écoles et pendant trois siècles, depuis le
commencement du seizième, jusqu'à la fin du dix-huitième :
notre collection est donc très-variée, et présente des productions remarquables de tous les grands maîtres et de tous
les genres, dans le style le plus élevé, comme dans la fantaisie
de la pointe la plus légère et la plus spirituelle : à partir, en
un mot, de la grande manière d'un *André Mantègne*, en Italie,
ou d'un *Albert Durer*, en Allemagne, jusqu'aux eaux-fortes

d'*Adrien van Ostade*, en Hollande, de *D. Teniers*, en Flandre, de *J. Callot* et d'*A. Watteau*, en France.

Pour donner une idée plus précise de la manière dont a été formée cette collection, nous allons jeter un coup d'œil sur chaque école en particulier, et nous indiquerons quelles sont les pièces les plus remarquables appelées à la représenter.

ÉCOLES D'ITALIE.

Parmi les pièces des *vieux maîtres* remplies de beautés de premier ordre, et qui font prévoir les pas énormes que l'art va faire en peu d'années, et la perfection à laquelle il atteindra presque à son début, nous placerons en première ligne le **Combat de deux Tritons**, par *A. Mantègne*, du cabinet *Revil*; une admirable épreuve de **la Samaritaine**, par *Jules Campagnola*; un **saint Jean-Baptiste**, gravé par le même peintre; **la Descente du Saint-Esprit**, par son fils *Dominique*; **Saint Sébastien**, morceau *inédit* dans la manière de *J. Antoine de Brescia*. Passant à cette belle école romaine, inspirée par le génie de *Raphaël*, le nom de *Marc Antoine* qui jette un si grand éclat dans l'histoire de son art, nous arrêtera un moment. Né à Bologne, et disciple de *Fr. Francia*, il commença par graver des dessins de son illustre maître, remplis de charme, de grâce et de naïveté : nous voulons parler des morceaux que *Bartsch* désigne. comme étant de sa première manière. Nous citerons **le Triomphe de Titus** des collections *Denon* et *Debois*; **l'Homme et la femme aux boules** du cabinet *Denon*, et **la Mise au tombeau**

qui a appartenu à *P. Mariette* et à *Revil. Marc Antoine,*
entré plus tard dans l'école de *Raphaël,* ne tarda pas à produire des chefs-d'œuvre sous sa puissante direction ; dans le
nombre, nous possédons : **Adam et Ève,** le premier dans
l'ordre numérique, et peut-être le plus parfait ; **Saint Paul
prêchant à Athènes,** dont l'épreuve est signée par
P. Mariette ; **Sainte Cécile,** admirable épreuve de la
collection du *baron Roger ;* un magnifique **Parnasse** des
cabinets *Valois* et *Revil ;* **le Quos ego...** et **Trajan couronné par la Victoire,** superbes épreuves sortant
toutes deux du volume qui appartenait au *baron Denon,*
volume dont les pièces ont été séparées et dispersées vingt
ans après la vente de cet ancien directeur général des mu-
sées. Nous citerons enfin, parmi nos plus beaux morceaux de
Marc Antoine, une admirable épreuve de **la Vendange**
qui vient du cabinet *van Puten.*

Au nombre des ouvrages des plus célèbres élèves de *Marc
Antoine,* nous indiquerons : **l'Empereur rencontrant
un guerrier,** gravé par *Augustin de Venise,* et sortant du
volume dont nous venons de parler ; **Junon, Cérès** et
Psyché par *Marc de Ravenne,* et **l'Annonciation,**
pièce *inédite* du même graveur ; **la Chute de Phaéton,**
du cabinet *Ed. Durand,* estampe de *N. Beatrizet ;* **la Dispute des Muses et des Piérides** par *Æneas Vico,* du
même cabinet ; une superbe épreuve d'**Ixion,** pièce décrite
dans l'appendice qui suit l'œuvre de *Caraglio* (Voyez le
Peintre-Graveur de *Bartsch.)* Nous mentionnerons encore
presque tous les principaux morceaux de l'œuvre de *Bonasone,*
et, à leur tête, **le Lever du soleil,** son chef-d'œuvre ;
Psyché et l'Amour, du cabinet *Revil,* gravés par *George*

Mantuan; enfin, parmi les ouvrages des graveurs anonymes qui paraissent avoir été disciples de *Marc Antoine,* nous désignerons particulièrement une estampe libre, *inédite,* représentant **une Jeune femme foulant un Satyre à ses pieds.**

A l'exception des ouvrages de *Mantègne,* et de ceux d'un bien petit nombre de peintres qui, à la fin du quinzième siècle, et au commencement du siècle suivant, ont eu l'heureuse idée de faire connaître leur propre génie, en se servant du burin ou de la pointe, les estampes citées précédemment ont été exécutées par des graveurs de profession. D'autres peintres éminents ont suivi l'exemple donné par *Mantègne* et les deux *Campagnola,* et, comme eux, ont voulu faire connaître leur manière de dessiner, et répandre leurs compositions dans toute l'Europe, en se livrant à la gravure à l'eau-forte. Nous avons particulièrement recherché ces eaux-fortes, et nous possédons presque tout l'œuvre du *Parmesan;* l'unique eau-forte du *Primatice,* et plusieurs pièces par les élèves qu'avait formés ce grand maître, à l'époque où il eut la direction des immenses travaux exécutés à Fontainebleau : entre autres, plusieurs beaux morceaux *inédits,* gravés par *Léon Daven, Antoine Fantuzzi* et par des artistes anonymes. Nous possédons aussi l'œuvre complet du *Baroche,* et des pièces gravées par *Schiavone, Ange Falcone, Meldolla,* et *Baptiste del Moro* dont nous avons recueilli six morceaux *inédits.*

Pendant le siècle suivant, le nombre des artistes qui se servirent de la pointe fut beaucoup plus grand : nous avons rassemblé la plupart des estampes des peintres célèbres de l'école bolonaise; celles qu'on doit à *Dom. Tibaldi,* à *B. Passarotti,* aux *Carraches,* au *Guide,* à *Dom Canuti,* etc., sans oublier la seule pièce qu'ait gravée le *Schidone*, dans l'école de Parme ; les eaux-fortes du *Benedette* et de *Biscaino*, dans l'école génoise ; de *Fr. Cozza*, dans l'école napolitaine, et du *Cremonese*, dans l'école de Ferrare.

Le dix-huitième siècle n'est pas si richement représenté dans cette collection que le siècle précédent : cependant, on remarquera une superbe suite complète des eaux-fortes de *Canaletto*. L'ensemble de nos eaux-fortes italiennes est un des plus imposants, nous le croyons du moins, qui ait été formé depuis longtemps : un assez grand nombre d'entre elles portent la signature de *P. Mariette ;* c'est faire suffisamment leur éloge.

Quelques-unes des plus belles pièces gravées au burin par *M. Rota, Aug. Carrache, Brizio, Valesio, Ciamberlano* complètent cette réunion des productions italiennes. Nous ferons une mention particulière de **l'Apparition de la Vierge à saint Jérôme,** par *Aug. Carrache;* elle est d'un premier état que *Bartsch* n'a pas connu, et sort du cabinet *Ed. Durand :* les nombreux morceaux de ce graveur, qui l'accompagnent, sont d'une beauté remarquable.

ÉCOLE ESPAGNOLE.

Nous n'avons pas classé à part les ouvrages de cette école, parce qu'elle ne renferme qu'un petit nombre de peintres-graveurs à l'eau-forte, ou à l'aqua-tinta, et encore moins de graveurs au burin, ayant acquis de la célébrité. Quelques peintres espagnols, cependant, ont manié la pointe avec un caractère d'originalité si saisissant, que leurs ouvrages méritent une place dans un choix d'estampes, même très-restreint. « Les estampes de l'*Espagnolet*, dit *Bartsch*, sont généralement comptées parmi les productions les plus remarquables de la gravure à l'eau-forte ; » nous les possédons presque toutes, entre autres **le Martyre de saint Barthélemy**, son chef d'œuvre. A une époque bien plus rapprochée de nous, et dans un genre tout différent, *Fr. Goya* a gravé deux suites de compositions empreintes d'une couleur locale tout espagnole ; elles sont en même temps une histoire fort piquante des mœurs de son temps : les portraits qu'il a gravés d'après *Velasquez* sont des traductions fort heureuses.

ÉCOLE ALLEMANDE.

Numériquement, l'école allemande occupe une petite place dans cette collection : cependant, nous comptons **quinze pièces** par *Albert Durer*, toutes d'une beauté d'impression parfaitement soutenue. Nous citerons, au premier rang, **Adam et Ève** du cabinet *Borduge* et **l'Oisiveté** de la collection *Revil*. Après ces estampes du grand maître de l'Allemagne, on verra **Diane et Calisto**, estampe *inédite* de *Virgile Solis;* **Hercule combattant les Centaures,** morceau *inédit* du *Maître au nom de Jésus-Christ;* un beau **Portrait de Charles V,** daté de 1545, par *Corneille Matsys*, *inédit* également. On trouvera encore un choix de pièces gravées par *Dirck van Staren* (le maître à l'étoile), par le *Maître aux initiales I. B.*, *G. Pencz, Adegrever*, les deux *Beham* et autres artistes connus sous le nom de *Petits maîtres;* elles sont, sans exception, de la même beauté, quant au tirage.

Parmi les productions du siècle suivant, on remarquera un choix d'estampes gravées par *W. Hollar* dans des genres fort opposés : nous mentionnerons une fort belle épreuve de **la Cathédrale de Strasbourg,** et des portraits, beaux et rares, d'après *Holbein* et *Van Dyck.* Les ouvrages de *Schmidt, de Berlin,* méritent aussi une place à part, à cause de l'originalité de ses travaux, mélange heureux de l'eau-forte et du burin : personne, d'ailleurs, n'a mieux rendu que lui *Rembrandt* et *Adrien van Ostade.*

ÉCOLES FLAMANDE ET HOLLANDAISE.

A l'occasion de ces deux écoles, nous ferons une distinction, comme nous l'avons déjà faite pour les écoles d'Italie, entre les morceaux si précieux sortis de la main des peintres célèbres, tels que *Rembrandt, Paul Potter, Adrien van Ostade, Ruisdaël, Karel Dujardin, Van Dyck, Adrien van de Velde,* etc., et ceux qui ne sont que de plus ou moins heureuses traductions de tableaux ou de dessins renommés, par le savant burin de *Lucas Vorsterman,* des deux *Bolswert,* de *P. Pontius,* de *Suyderhoëf,* des *Visscher* et d'une foule d'autres artistes éminents.

Au nombre des plus précieuses estampes à l'eau-forte de cette collection, nous citerons **les Trois vaches en repos** de *Berghem,* épreuve avant la lettre, du cabinet *Revil;* **le Diamant** du même peintre, épreuve du second état; **le saint Jérôme** de *Ferd. Bol,* fort belle épreuve de la collection *Van den Zande;* une superbe suite des **six Paysages en largeur** de *J. Both,* avant la lettre; **Trois pièces** de *K. Dujardin* avant les numéros, une, entre autres, d'un premier état *inédit;* une magnifique épreuve du **Christ au roseau** de *Van Dyck,* qui sort du cabinet *Boulle;* une ad-

mirable épreuve du **Portrait du Titien,** par le même
peintre, avec les signatures de *P. Mariette* et de *Borduge ;*
dix-huit autres Portraits gravés à l'eau-forte par
Van Dyck, tous avant la lettre, parmi lesquels **celui de
P. Stevens** passe pour être *unique ,* et **ceux de Cornelissen et de Ph. Le Roy** sont si rares, qu'on en
connaît tout au plus trois ou quatre épreuves du même état
que les nôtres ; quelques pièces choisies dans l'œuvre d'*Adrien
van Ostade,* au milieu desquelles brille une épreuve du
Goûter, avant les vers de Tibulle ; **un Vacher** de
Paul Potter, avant toute adresse ; **quinze beaux portraits par Rembrandt,** mais particulièrement celui
du petit **Coppenol;** il est imprimé sur papier du Japon,
et sort du cabinet du baron *Verstolk de Soëlen ;* une magnifique épreuve de la **Petite tombe ; les Voyageurs,**
admirable eau-forte de *J. Ruysdaël,* si difficile à rencontrer ;
la Fête flamande, enfin, du cabinet *Revil,* seule pièce
donnée à *D. Teniers* par les connaisseurs.

Parmi les productions au burin de cette brillante école
de graveurs, formée sous la direction du grand peintre qui
est l'honneur de l'école flamande, nous désignerons une
épreuve du **Christ au roseau,** par *S. Bolswert,* d'une
beauté incomparable, et plusieurs autres chefs-d'œuvre d'a-
près *Rubens* et *Van Dyck* par cet habile graveur et son
frère *Boèce ;* **la Thomiris** par *P. Pontius,* ainsi qu'une
admirable épreuve du **Portrait de Rubens** par le même
artiste ; une épreuve avant la troisième ligne **du Christ,**
gravé par *L. Vorsterman,* d'après *Van Dyck.* Nous citerons
encore un grand nombre de portraits que ces éminents artistes et d'autres graveurs habiles, sortis, comme eux, de

l'école de *Rubens,* ont gravés d'après *Van Dyck;* la plupart
sont du premier état. Nous mentionnerons enfin les estampes
gravées sur bois par *Chr. Jegher,* et surtout **la Conversation entre plusieurs amants** d'après *Rubens :*
aucun graveur, peut-être, n'a rendu avec plus de vigueur et
de vérité le caractère des ouvrages du grand peintre d'Anvers.

J. Suyderhoef et *les Visscher* ont, dans leurs savants travaux, un caractère d'originalité bien marqué, et leur burin
a toute la magie du pinceau. On remarquera la belle épreuve
des **Quatre Bourguemestres** qui sort de la collection
de *R. Holditch,* et quelques-uns des plus beaux portraits gravés par *Suyderhoëf;* **celui de Descartes ;** ceux qu'il a
gravés d'après *Van Dyck,* etc. De *Corneille Visscher,* nous
avons une admirable épreuve avant la lettre du **Portrait
de Vondel;** une belle épreuve de **la Bohémienne,**
portant la signature de *P. Mariette* et celle de *J. G. Wille :*
de *J. Visscher,* une bonne épreuve du **Tâtonneur,** etc.

ÉCOLE FRANÇAISE.

C'est seulement ~~pendant le~~ [à partir du] dix-~~huitième~~ [Septième] siècle que la gravure a jeté un grand éclat en France. Cependant, quelques
essais à l'eau-forte par *Jean Cousin, Jean Bullant, Geoffroy
Dumonstier;* les estampes gravées au burin par *René Boyvin*
et par *Ét. Delaulne;* enfin les portraits que nous devons à *Th.
de Leu* et à *Léonard Gaultier,* font déjà beaucoup d'honneur à
l'art français pendant le seizième siècle. Les premiers artistes
que nous venons de nommer nous ont transmis des compositions de leur invention, et nous recommandons à l'attention
des amateurs : **la Mise au tombeau,** qui porte le nom

de *J. Cousin;* **l'eau-forte inédite** de *J. Bullant,* d'un goût de dessin ravissant, bien digne de l'époque où brillaient dans notre pays les *Jean Goujon*, les *Germain Pilon*, les *Pierre Lescot;* **la Nativité,** gravée par *Geoffroy Dumonstier*, pièce d'une grande rareté : on remarquera aussi un petit choix de morceaux gravés avec beaucoup de finesse par *Étienne Delaulne, Léonard Gaultier* et *Thomas de Leu.* Nous citerons notre épreuve du **portrait de Marie de Médicis,** gravé par *Th. de Leu,* d'après *Fournier,* comme étant d'une grande beauté. Vers la fin du même siècle naquirent *Jacques Callot,* qui a laissé un grand nom dans l'histoire de l'art comme dessinateur et graveur à l'eau-forte, *Michel Lasne* et *Claude Mellan,* dont les portraits sont très-recherchés. Nous ne possédons qu'une seule pièce de *Callot;* mais c'est un chef-d'œuvre, et notre épreuve des **Supplices** est d'une beauté parfaite. Quant au choix des portraits gravés par *M. Lasne* et *Cl. Mellan,* il est fait avec beaucoup de soin.

Parvenus au dix-septième siècle, il nous suffira de nommer les *Audran, G. Édelinck, Jean Pesne, Claudine* et *Antoinette Stella, Nanteuil, Morin* et *Masson,* pour rappeler de nombreux chefs-d'œuvre, appréciés et répandus dans toute l'Europe. *Gérard Audran* mérite d'être placé au premier rang dans ce dénombrement de nos plus illustres graveurs : on verra, dans cette collection, une superbe épreuve de **la Femme adultère,** d'après *le Poussin,* planche que l'artiste, contrairement à son habitude, a exécutée entièrement au burin; on y trouvera aussi quelques-unes de ses plus belles pièces à l'eauforte, entre autres, des épreuves avant la lettre, du **Buisson ardent** et de **Saint Paul et Saint Barnabé à Lystre,** d'après *Raphaël;* de **Saint Sébastien** et d'**Achille chez Lycomède**, d'après *An. Carrache;* de **la Tentation d'un Saint**, d'après *le Dominiquin.* *J. Pesne,* le fidèle et heureux interprète du *Poussin,* arrive ensuite avec la suite des **Sept Sacrements**, son plus bel ouvrage, et le portrait du grand maître auquel il avait consacré son burin. *Claudine* et *Antoinette Bouzonnet Stella,* ces deux sœurs, à part dans l'histoire de l'art, et remarquables par leur talent si mâle et si ferme, ne le cèdent à personne pour la beauté des expressions et l'énergie de la touche. La première est représentée par **la Vie de Jésus-Christ,** suite de quatorze belles compositions de *Stella,* et la seconde par une admirable épreuve de **Romulus et Rémus allaités par la louve,** d'après son frère, *Ant. Stella.* **La Sainte-Famille,** d'après *Raphaël,* chef-d'œuvre de *Gérard Édelinck,* est une de nos plus belles estampes: elle a appartenu au célèbre *Bervic,* puis à M. *Revil.* Quelques beaux portraits du même grand maître, ceux de **Racine,** de **Dryden,** de **Louis XIV,** etc., accompagnent ce qu'on appelle *sa pièce capitale.* Nous citerons encore au nombre des plus beaux morceaux de l'école française **la Vierge donnant le sein à l'Enfant Jésus,** gravée par *Fr. Spierre,* l'une des trop rares estampes qui ont su rendre la grâce exquise et la couleur du *Corrége;* notre épreuve est d'une beauté parfaite : celle du **Christ mort,** autre chef-d'œuvre, gravé par *Roullet,* d'après *An. Carrache,* est également fort belle.

Nous ne quitterons pas cette grande époque, où l'art de la gravure ne laisse rien à désirer, sans parler de *Nanteuil,* de *Masson* et de *Morin,* dont les portraits ont une célébrité européenne. Nous avons, par *Nanteuil,* les portraits des principales célébrités du grand siècle : c'est nommer **Richelieu, Mazarin, Colbert, le grand Condé, Fouquet,** etc. Les épreuves de ces portraits sont toutes du premier état. De *J. Morin,* nous possédons une épreuve avant toute lettre du **Portrait de Louis XI,** que nous croyons *unique,* et presque toutes ses plus belles pièces, à la tête desquelles il faut placer le **Portrait de Bentivoglio,** d'après *Van Dyck.* De *Masson,* un charmant **Portrait de Louis XIV,** que M. *Robert-Dumesnil* qualifie de *rarissime,* et dont il n'a pu voir qu'une épreuve imparfaite. A côté de ce petit chef-d'œuvre de délicatesse, on trouvera une admirable épreuve du **Portrait de Cureau de La Chambre.**

Quelques beaux portraits gravés par *P. Drevet* le fils, au commencement du dix-huitième siècle, parmi lesquels il faut citer une superbe épreuve du **Portrait de Fénelon,** qui sort de la collection *Revil;* **sept Portraits** gravés par *E. Ficquet,* tous avant la lettre et provenant du même cabinet; plusieurs morceaux, enfin, dus au burin si pur et si harmonieux de *J.-G. Wille,* avec la lettre, il est vrai, mais d'un premier tirage qui se reconnaît facilement, complètent le choix de nos pièces au burin par des graveurs français.

L'école française, pendant le xviie siècle, a été féconde en eaux-fortes dues à la pointe de nos peintres-graveurs. Parmi eux, celui dont la réputation a le plus d'éclat, le plus de renommée, est *Claude Lorrain,* sans contredit. Nous avons une épreuve du **Campo-Vaccino,** avant la lettre, qui a appartenu à M. *Revil,* et quelques autres morceaux du même maître, d'un bon choix. L'unique eau-forte d'*Eust. Le Sueur,* et des pièces remarquables par *le Bourguignon, Simon Vouet,*

Séb. Bourdon, les *Coypel*, *Ant. Watteau* et *J. B. Oudry*, se trouvent non loin de notre grand paysagiste.

Nous sommes bien moins riches en eaux-fortes du siècle suivant : on verra cependant des échantillons du talent de *Subleyras*, de *Loutherbourg*, de *Fr. Boucher*, de *J. Vernet;* une superbe épreuve du chef-d'œuvre de *V. Denon*, **les Lions**, d'après *Quadal;* **Phrosine et Mésidor,** admirable morceau de *Prudhon*, le *Corrége* français; plus de vingt pièces, enfin, gravées par *J.-J. de Boissieu*, cet amateur célèbre dont le talent honorerait un artiste de profession.

Tel est le choix d'estampes anciennes avec lequel nous avons passé de bonnes heures pendant un grand nombre d'années. Nous nous en séparons avec un vrai chagrin, sans aucun doute, mais pour nous livrer entièrement à l'étude des productions que l'art des anciens et des modernes a créées sous d'autres formes, et par d'autres procédés : c'est là notre consolation.

Pour ne pas grossir inutilement ce Catalogue, nous avons omis les petites notices qu'on est dans l'usage de placer à la suite des noms des artistes, et qui ne sont lues par personne, nous le croyons du moins; car, pour ces renseignements, on doit préférer les ouvrages spéciaux. Par le même motif, nous ne dirons rien du sujet traité par les auteurs des compositions. Quant à l'état des pièces cataloguées, nous l'avons indiqué constamment, sans nous faire une loi de toujours dire ce qui constitue cet état. Les personnes qui désirent avoir plus de détails, auront recours au *Peintre-Graveur* de *Bartsch*, au *Peintre-Graveur français* de M. *Robert Dumesnil*, et à quelques monographies particulières que nous avons indiquées, lorsque nous les avons connues. Les pièces *inédites* seules, et nous en comptons plus de *quarante,* sont décrites minutieusement, afin qu'il n'y ait pas de doute possible.

———————

Toutes les fois que nous l'avons pu , nous avons fait suivre le titre ou la désignation d'une estampe, de l'année pendant laquelle elle a été exécutée : ces dates intéressantes fixent, dans la mémoire, l'époque à laquelle travaillaient les artistes.

———————

Les estampes de cette collection ayant été classées par école, nous avons placé à la fin du Catalogue une table des maîtres rangés par ordre alphabétique, à l'aide de laquelle, on pourra embrasser d'un seul coup d'œil la série des maîtres qui sont l'honneur de chaque école. Les amateurs d'une seule école, et nous savons qu'il en existe un assez grand nombre, trouveront ainsi rapprochés les maîtres qu'ils affectionnent, et se rendront parfaitement compte de ce que nous possédons, et de ce qui nous manque, dans chaque école : à bien peu d'exceptions près, néanmoins, nous croyons que toutes les sommités de l'art se sont donné rendez-vous dans ce grand ensemble des productions de la gravure pendant trois siècles.

ÉCOLES D'ITALIE & D'ESPAGNE

Francesco **AMATO.**

1 — Saint Jérôme. (3).

Michel-Ange **AMERIGHI,** dit Michel-Ange de **CARAVAGE.**

Voyez le Catalogue des estampes colligées *par M. Robert Dumesnil. Paris, imprimerie de madame Huzard, 1838.*

2 — Un soldat semble s'interposer entre un homme et une femme.

Très-belle épreuve.

Francesco **BARBIERI,** dit **LE GUERCHIN.**

Voyez le Peintre-graveur, tome xviii.

3 — Saint Antoine de Padoue. (1).

Un homme et une femme qui se battent. (1 des pièces douteuses).

Deux estampes.

Federigo **BAROCCI.**

Voyez le Peintre-graveur, tome xvii.

3 o

4 — L'Annonciation. (1).

Très-belle épreuve. — Collection de *P. Lely.*

38.

5 — La Vierge assise. (2).

Belle épreuve.

3o

6 — Saint François stygmatisé. (3).

Belle épreuve.

76   —

7 — Saint François dans la chapelle, pièce capitale du maître, connue sous le nom de *Pardon de saint François.* Elle a été gravée, en 1581, par *Le Baroche*, d'après le tableau qu'il exécuta pour l'église des Capucins, à Urbino, sa ville natale. (4).

Superbe épreuve sortant, comme l'Annonciation, de la collection de P. Lely. — N. B. L'œuvre de ce maître ne se compose que des quatre pièces précédentes.

Nicolas **BEATRIZET.**

Voyez le Peintre-graveur, tome xv.

39.

8 — Saint Pierre marchant sur les eaux, d'après la peinture de *Giotto*, qu'on voit au Vatican. — 1559. (16).

Très-belle épreuve d'un premier état *inédit ;* il est avant l'inscription : *Romœ. Ant. Lafrerii.*

60

9 — La Chute de Phaéton, d'après *Michel-Ange.* (38).

Superbe épreuve d'une conservation parfaite. — Collection *Ed. Durand.*

Domenico **BECCAFUMI**, dit **MICARINO** ou **MECHERINO**.

Voyez le Manuel de l'amateur d'estampes, par Ch. Le Blanc.

10 — Deux figures anatomiques, pièce à laquelle on a donné le nom de *Deucalion*. (7).

Belle épreuve.

Stefano **DELLA BELLA**.

Voyez le Manuel de l'amateur d'estampes.

11 — Le Reposoir, 1642. (38).

Très-belle épreuve du premier état.

Bartolommeo **BISCAINO**.

Voyez le Peintre-graveur, tome XXI.

« *Les estampes de cet excellent artiste sont très-recher-chées : on y admire la composition intelligente, le dessin correct des figures et le gracieux dans les airs de tête.* » — *Bartsch.*

12 — La Nativité. (7).

Très-belle épreuve du premier état. — Colloc. *Borduge* et *Revil* 1830 *.

13 — L'Adoration des Rois. (9).

Belle épreuve.

Sainte-Famille. (16).

Deux estampes.

14 — La Vierge allaitant l'Enfant Jésus. (21).

Très-belle épreuve du premier état.

---

* Cet amateur célèbre forma successivement trois collections d'estampes : la première fut achetée en 1830 par feu *Pieri Benard*, marchand d'estampes, et les deux autres ont été mises en vente publique, l'une en 1838, du vivant de M. Revil, et l'autre en 1845 après son décès. A l'occasion de celles de nos estampes qui lui ont appartenu, nous ferons suivre son nom de l'année de la vente, afin qu'on puisse les retrouver dans les Catalogues imprimés en 1830, 1838 et 1845.

15 — Saint Jérôme. (34).

Très-belle épreuve, parfaitement conservée, du premier état.

16 — Saint Christophe. (35).

Superbe épreuve, d'une conservation parfaite, du premier état.

Galatée. (40).

Bonne épreuve, du second état, renmargée.
Deux estampes.

FRA BONAVENTURA BISI.

Voyez le Dictionnaire des monogrammes par Fr. Brulliot, tome 2ᵉ,
n. 276.

**17 — La Sainte-Famille, d'après *le Parmesan*. —
1634.**

Très-belle épreuve d'une parfaite conservation.

GIULIO BONASONE.

Voyez le Peintre-graveur, tome XV.

**18 — La sainte Vierge évanouie entre les bras des
saintes femmes, d'après un dessin de *Raphaël*, première pensée du même groupe
dans le célèbre tableau du palais Bor-
ghèse. (50).**

Très-belle épreuve.

**19 — La sainte Vierge debout devant une table sur
laquelle est étendu le corps de Jésus-Christ,
d'après un dessin de *Raphaël* (60).**

Très-belle épreuve.

**20 — La sainte Vierge assise au pied de la croix,
au milieu de deux enfants qui soutiennent le
corps mort de Jésus-Christ, d'ap. le groupe
en marbre de *Michel-Ange*. —1546. (64).**

Belle épreuve, rognée à la hauteur des bras de la croix.

36.

21 — La Sainte-Famille, d'après *le Titien*. (69).

Très-belle épreuve, doublée.

21

22 — La Naissance de saint Jean-Baptiste, d'après
le 'Pontorme. (76).

Très-belle épreuve, du premier état, qui est rare ; un peu tachée et
doublée.

15

23 — Un Prophète et une Sibylle, d'après *Michel
Ange*. (78).

Belle épreuve.

43

24 — Scipion blessé, d'après *Polidore*. (81).

Superbe épreuve.

21

25 — Clélie, d'après *Polidore*. (83).

Belle épreuve : collec. de M. B. D., vendue en 1852.

22

26 — Constantin remportant la victoire sur l'armée
de Maxence, d'après un dessin de *Raphaël*,
première pensée de la fresque du Vatican,
1544. (84).

Superbe épreuve, un peu trop rognée en bas.

8

27 — Silène monté sur un âne. (88).

Très-belle épreuve, d'une conservation parfaite.

10.50

28 — Deux Satyres conduisant Silène devant le roi
Midas. (89).

Très-belle épreuve.

8.50.

29 — Bacchus couché sur un char traîné par des
tigres. (90).

Très-belle épreuve.

30 — Trois Nymphes et deux Satyres se baignant à l'entrée d'une grotte. « *Cette estampe est, suivant toute apparence, de l'invention de Bonasone.* » *Bartsch.* (97).

Superbe épreuve.

31 — L'Histoire de Jason et de Médée. (98).

Belle épreuve.

32 — Le Lever du Soleil. « *Cette estampe est une des plus belles de l'œuvre de Bonasone; elle est gravée avec plus de délicatesse qu'aucune autre.... Le grand goût de dessin de Michel-Ange y est réuni à la grâce de Raphaël.... Très-rare.* » *Bartsch.* (99).

Superbe épreuve du premier état : collec. de feu *Gérard*, statuaire.

33 — Alexandre et Roxane, d'après la composition du graveur. (100).

Très-belle épreuve.

34 — L'Amour dans les Champs-Élysées. — 1563. « *Cette estampe est de l'invention de Bonasone et de ses plus belles pièces, comme elle est de ses plus rares.* » *Bartsch.* (101).

35 — Mercure surprenant les filles d'Aglaure, d'après une composition du graveur. (102).

Belle épreuve.

36 — Le Triomphe de l'Amour. — 1545. « *Cette pièce est d'un très-bon goût de dessin. Bonasone en est l'inventeur, et il l'a gravée avec soin.* » *Bartsch.* (106).

-belle épreuve.

37 — Saturne et la nymphe Philire, d'après *Jules Romain*. (108).

Très-belle épreuve, doublée.

38 — Le Jugement de Pâris, d'après une composition de *Bonasone*, selon toute apparence. (112).

Très-belle épreuve.

39 — Quatre statues placées dans des niches. Suite de quatre estampes qu'on croit gravées d'après les dessins de *Bonasone*. (140 à 143).

Très-belles épreuves. — Collec. *Revil*, 1838.

40 — Les Amours de Neptune et de Mélantho. (159). Apollon debout auprès d'une femme qui peint. (161). — Ces deux pièces font partie de la suite qu'on désigne sous le nom des Amours des Dieux.

Très-belles épreuves, du premier état, avant les vers : cet état est fort rare.

41 — Vénus coiffée et ajustée par les Grâces. (167).

Très-belle épreuve, parfaitement conservée.

42 — Le dieu Pan auprès d'une Nymphe. « *Bonasone a gravé cette estampe avec beaucoup de soin ; elle pourrait être de son invention, ou peut-être même de celle de Jules Romain.* » *Bartsch.* (170).

Très-belle épreuve, d'une conservation parfaite. — Collec. de feu Gérard, statuaire.

68 43 — Calypso s'efforçant de retenir Ulysse. — Cette pièce, de l'invention de Bonasone, est, de l'avis de *Bartsch*, l'une des plus rares de son œuvre. (171).

Très-belle épreuve, imprimée en rouge, *d'un premier état inédit*: il est avant le prolongement du bouquet d'arbres, jusqu'au dessus de la tête d'Ulysse.

26 44 — Quatre Nymphes assises avec des dieux marins autour d'un rocher qui leur sert de table. Bartsch croit que cette estampe est d'après *Jules Romain* : nous la croyons plutôt de l'invention de *Bonasone*. (173).

Très-belle épreuve. — Le papier blanc, au-dessus du ceintre qui limite l'estampe, en haut, est rapporté.

61 45 — Des hommes et des femmes se baignent ensemble dans une grande cuve. (177).

Très-belle épreuve avec une marge difficile à trouver dans les estampes du xvie siècle.

9 46 — Un jeune homme combattant un monstre marin. (178).

Belle épreuve.

75 47 — Achillis Bocchii Bon. symbolicarum quæstionum..... Bononiæ in ædib. novæ academiæ Bocchianæ. 1555 ; petit in-4°, v. doré sur tranche. — Ce beau volume, dont la première édition, celle-ci, est rare selon M. *Brunet*, renferme 150 pièces qui sont toutes gravées par Bonasone d'après les compositions de *Michel-Ange*, *Raphaël*, *Pri-*

malice, etc. Quelques feuilles préliminaires manquent au commencement du volume ; mais la suite des estampes de Bonasone est complète. (179 à 328).

48 — Philippe II. Rare. (343).

Belle épreuve.

49 — Le Cardinal Pierre Bembo. (344).

Très-belle épreuve, signée *P. Mariette* 1695, au verso.

50 — Michel-Ange Buonarotti. — 1546. (346).

Très-belle épreuve.

51 — Raphaël d'Urbin. (347).

Très-belle épreuve du premier état.

PIÈCES INÉDITES.

Par Giulio BONASONE.

52 — Adam et Ève. — Assis au pied d'un gros arbre, dans le Paradis terrestre, Adam a passé son bras gauche autour du corps de la première femme, et tient une pomme dans la main droite, tandis qu'Ève va s'emparer d'une autre pomme que lui présente le démon. Cette estampe, sans aucune marque, et dont nous n'avons jamais vu d'autre épreuve que celle-ci, est gravée en partie à l'eau-forte, en partie au burin.

H. 158 mm. — L. 109 mm.

ve d'une conservation parfaite, avec une jolie marge.

53 — Buste de Latone. On lit dans la marge du bas : *Latona*, et au-dessous les trois lignes suivantes :

La notte oscura e'l giorno senza sole
Fra per certo et tenebroso il mondo
Se'l ciel non ornava la mia doppia prole.

H. 746 mm. — L. 111 mm.

Belle épreuve, avec une marge de 0 m. 12 mm.

PIÈCE GRAVÉE PAR UN ANONYME DANS LA MANIÈRE
de GIULIO BONASONE.

54 — Diane allant à la chasse, d'après *Vincent Caccianemici*, disciple du *Parmesan*. (5).

Très belle épreuve.

PIETRO PAOLO BONZI, DETTO IL GOBBO DEI CARRACCI.

Voyez la description de la pièce suivante au numéro 2 de l'œuvre de *Cavedone*, dans *le Peintre-graveur*. *Brulliot* a prouvé, dans son *Dictionnaire des monogrammes*, tome 1er, n. 830, que ce morceau appartenait au *Gobbo* et non au *Cavedone*.

55 — La sainte Vierge.

Belle épreuve.

ORAZIO BORGIANI.

Voyez le Peintre-graveur, tome XVII.

56 — Sujets de la Bible peints dans les loges du Vatican, d'après les dessins de *Raphaël*. Suite de 52 estampes. — 1615. (1 à 52).

Très-belles épreuves du premier état : elles ont été collées sur des feuilles de papier blanc, et sont reliées en un volume oblong.

57 — Le corps du Sauveur pleuré par les Marie. — 1615.

Superbe épreuve d'un morceau fort rare que *Bartsch* n'avait pas vu, mais dont il parle page 320, parce qu'il est cité par *Heineke*. Il est décrit dans le *Catalogue de la collection d'estampes colligées par M. Robert Dumesnil*.

Francesco **BRIZIO**, ou **BRICCI**.

Voyez le Peintre-graveur, tome XVIII.

58 — Le Retour d'Egypte, d'après *L. Carrache*. (2).
« *Cette pièce, qui est une des plus terminées et des plus parfaites de l'œuvre de Brizio, est exécutée au burin sur un dessin et sous la conduite de Louis Carrache.* » *Bartsch.*

Très-belle épreuve.

59 — Le Repos en Egypte, d'après *le Corrége*. (4).
Belle épreuve du premier état.

Giuseppe **CALETTI**, dit **LE CRÉMONÈSE**.

Voyez le Peintre-graveur, tome XX.

« Les estampes du *Cremonèse* sont autant de preuves du génie original de leur auteur. » *Bartsch.*

60 -- Samson et Dalila. (4).
Belle épreuve d'une belle pièce, suivant *Bartsch.*

61 — Saint Roch (5).

Très-belle épreuve du premier état : elle a une légère restauration tout en haut, vers le milieu, à une place qui doit être sans aucuns travaux.

Andrea **CAMASSEI.**

Voyez le Peintre-graveur, tome XIX.

« On ne connait de *Camassei* que deux eaux-fortes qui montrent beaucoup de goût et de grâce dans la composition.... On ne les trouve que fort rarement. » *Bartsch.*

62 — La sainte Vierge et saint Jean. (1).
Belle épreuve très-bien conservée.

Giulio **CAMPAGNOLA.**

Voyez le peintre graveur, tome XIII.

63 — Jésus et la Samaritaine. (2). — Ce morceau est gravé en partie au burin, en partie au maillet. *Jules Campagnola* doit être regardé, dit *Bartsch*, comme l'inventeur de la gravure au pointillé.

Superbe épreuve parfaitement conservée (avec marges de 12 mm.) d'une estampe de la plus grande rareté, et digne du *Giorgion*, d'après qui elle nous semble gravée.

64 — Saint Jean-Baptiste. (3).

Très-belle épreuve d'une grande finesse.

Domenico **CAMPAGNOLA.**

Voyez le Peintre-graveur, tome XIII.

65 — La Pentecôte. — 1518. (3).

Très-belle épreuve : elle est découpée autour de l'ovale qui limite l'estampe.

65 bis — Vénus. — 1517. (7).

Bonne épreuve, d'une conservation parfaite.

Gio. Antonio **CANAL** dit **CANALETTO.**

66 — *Vedute, altre prese dai luoghi, altre ideate, da Antonio Canal e da esso intagliate, etc...* Suite de trente et une pièces (y compris le titre, où l'inscription précédente est gravée sur un monument placé au bord de l'eau) imprimées sur dix-huit feuilles. — Les douze plus grandes, dont les sujets sont en largeur, occupent chacune une feuille ; deux pièces moyennes, en hauteur, sont placées sur la même feuille ; quatorze plus petites,

et en largeur, sont disposées sur quatre feuilles; trois petites pièces en hauteur, enfin, sont imprimées sur la dernière feuille. — Toutes ces estampes sont signées, à l'exception du titre et d'une petite pièce en hauteur : deux portent l'inscription *A. Canal F. V.* (Venezia); vingt-trois celle-ci : *A. Canal F.*; quatre, les initiales A. C., des noms du maître. L'une de ces dernières, moyenne pièce en hauteur, est datée de l'année 1741, ce qui prouve que Canaletto, né en 1697, a gravé cette suite dans toute la force de son talent. — Sur ces trente pièces, qui, avec le titre, forment la suite complète, dix seulement ont des titres : six, parmi les grandes, portent les inscriptions suivantes :

Le Goorte del Dolo.
A le porte del Dolo.
Al Dolo.
Mestre.
Pra della Valle.
S. Giustina in pra della Valle.
La Torre di Malghera.

Et quatre, plus petites, celles-ci :

La Piera del bando.
La Preson. V.
La Libreria. V.
Le Procuratie niove e s. Zeminian. V.

Très-belles épreuves du premier état, avant les lettres alphabétiques placées au bas de la planche, à droite, immédiatement au-dessous du trait carré. (Cette remarque n'a lieu que pour les douze plus grandes pièces dont chacune est imprimée sur une seule feuille). — Elles ont de très-belles marges; mais deux d'entre elles sont tachées; deux autres ont des déchirures dans les marges.

Simone CANTARINI, dit LE PESARÈSE.

Voyez le Peintre-graveur, tome xix.

67 — Repos en Egypte. (5).
    Repos en Egypte. (6).
    Repos en Egypte. (7).

Les épreuves de ces trois pièces sont fort belles et d'une conservation parfaite · celle du numéro 7 est du premier état, avant le nom de *Pesarèse.*

Trois estampes.

68 — Le grand saint Antoine de Padoue. (25).

Très-belle épreuve du premier état.

69 — Saint Benoît délivrant un possédé, d'après *L. Carrache.* (27).

Très-belle épreuve du premier état, avant l'adresse de *Rossi.*

70 — L'ange gardien. (28).

Belle épreuve.

71 — Mercure et Argus. (31).

Très-belle épreuve du premier état, avant l'adresse de *Rossi.* « Cette estampe est une des principales de l'œuvre de *Pesarèse.* » *Bartsch.*

Bartsch n'avait sans doute pas vu les épreuves du second état des numéros 7, 27 et 31, car il n'en parle pas. *M. Guichardot,* le premier, a fait connaître ces remarques. Voyez le catalogue de la collection *Van den Zande.*

Domenico Maria **CANUTI**.

Voyez le Peintre-graveur, tome xix.

72 — La Vierge du Rosaire. (1).

Superbe épreuve ; elle est privée de sa marge d'en bas qui contient une dédicace.

73 — Saint François d'Assise d'après le *Guide*. (2).

Superbe épreuve d'un premier état *inédit* ; il est avant l'inscription : *In Bologna, per Josefo Longhi* , etc.

Jacopo **CARAGLIO**.

Voyez le Peintre-graveur, tome xv.

74 — La bataille au bouclier sur la lance, d'après Raphaël. (59). «*Cette estampe est une des plus considérables de l'œuvre de Caraglio, et une des plus parfaites qui ait été exécutée d'après Raphaël.» Bartsch.*

Très-belle épreuve.

75 — Ixion, d'après *Jules Romain*. Cette belle pièce, que nous croyons plutôt gravée d'après un dessin de *Michel-Ange* que d'après *Perino del Vaga*, à qui *Bartsch* l'attribue, est décrite, par ce dernier, dans l'appendice de l'œuvre de *Caraglio*.

Admirable épreuve d'un morceau de la plus grande rareté.

Giulio **CARPIONI**.

Voyez le Peintre-graveur, tome xx.

76 — L'hommage du petit saint Jean. (7).

Superbe épreuve du premier état, avec de très-belles marges.

77 — Saint Jérôme.

Très-belle épreuve.

Lodovico **CARRACCI.**

Voyez le Peintre-Graveur, tome xviii.

78 — La Vierge de l'an 1592. (1).

Très belle épreuve d'un premier état dont *Bartsch* ne parle pas; elle est tirée avant l'inscription : *Pietro Stefanoni. for.* — Coll. *Denon.*

79 — La Sainte Vierge aux Anges. (2).

Très-belle épreuve du premier état avec une seule adresse, celle de l'éditeur *Stefanoni.* M. *Guichardot* a constaté ce premier état dans le catalogue *Van den Zande.* — Collection *Revil*, 1838.

80 — La Vierge de 1604. (3).

Superbe épreuve, signée au verso : *P. Mariette*, 1669. — Coll. *Robert-Dumesnil.*

81 — La Vierge et saint Joseph. (4). « *Cette pièce est la seule que L. Carrache ait gravée entièrement au burin..... Il y a mis un goût de dessin si excellent et des grâces si semblables à celles du Corrége, qu'on la prendrait pour être de ce dernier.* » *Bartsch.*

Agostino **CARRACCI.**

Voyez le Peintre-Graveur, tome xviii.

82 — Jésus-Christ montré au peuple, d'après *le Corrége.* — 1587. (20).

83 — Le Crucifix, d'après *Paul Véronèse.* (21).

Belle épreuve.

84 — Le grand Crucifiement, d'après *le Tintoret.*
— 1589. (23). « *Cette estampe est une des
plus considérables de l'œuvre de notre artiste.
Le dessin, les expressions, la touche, la
gravure, tout y est dans un haut degré de
perfection.* » Bartsch.

Très-belle épreuve. — Les trois feuilles, dont la réunion forme l'estampe entière, sont séparées et doublées.

85 — La Sainte Vierge. (31). « *Cette pièce est gravée
à l'eau-forte, et c'est la seule qu'Augustin ait
exécutée dans ce genre de gravure.* » Bartsch.

Belle épreuve.

86 — La Sainte Famille. — 1597. (43).

Très-belle épreuve sur laquelle la date est à peine apparente, par un manque de soin de l'imprimeur.

87 — La Tentation de saint Antoine, d'après *le Tintoret.* — 1582. (63). « *Rare à trouver de
bonne impression.* » Bartsch.

Très-belle épreuve doublée. — Collection *de Valois.*

88 — Saint François en extase, d'après *Fr. Vanni.* —
1595. (67). « Aug. Carrache *a gravé cette admirable pièce dans le temps de sa plus grande
force.* » Bartsch.

Superbe épreuve, bien conservée et signée, au verso, *P.-J. Mariette*, 1730.

89 — Saint François recevant les stigmates. 1586.
(68).

Épreuve du premier état.

90 — Saint Jérôme, d'après *Fr. Vanni.* (74). « *Cette estampe est une des plus parfaites* d'Aug. Carrache. » Bartsch.

Très-belle épreuve signée, des deux côtés, *P. Mariette,* 1666.

91 — Saint Jérôme, d'après *le Tintoret.* — 1588. (76). « *Cette estampe est une des principales de l'œuvre de notre artiste.* » Bartsch.

Superbe épreuve d'un premier état dont *Bartsch* ne parle pas; elle est avant les mots : *Cum privilegio*, placés au-dessous du livre. — Coll. *Ed. Durand.*

92 — Sainte Madeleine. (83).
Bien que classée dans l'œuvre d'*Aug. Carrache*, cette estampe, selon *Bartsch*, a été gravée par *Fr. Brizio.*

93 — La Sainte Vierge, saint Jérôme et sainte Madeleine, d'après *le Corrége.* — 1586. (95).

Belle épreuve du second état; elle porte, des deux côtés, le nom de *P. Mariette* suivi du chiffre 1666, sur l'estampe, et du chiffre 1665, au verso.

94 — Le Mariage de sainte Catherine, d'après *Paul Véronèse.* — 1585. (97).

Très-belle épreuve dont on ne peut préciser l'état, la marge étant coupée au-dessous du trait carré.

95 — Le corps mort de Jésus-Christ, d'après *An. Carrache.* — 1598. (101).

Belle épreuve.

96 — Le corps mort de Jésus-Christ, d'après *Paul Véronèse.* — 1582. (102). Très-belle pièce, selon *Bartsch.*

Épreuve du premier état.

97 — La Vierge ayant sur ses genoux le corps mort de Jésus-Christ, d'après *Michel-Ange.* — 1579. (104). *« Cette estampe, qui est une des plus rares de l'œuvre de notre artiste, a été gravée dans ses commencements, et cependant, il y en a peu qu'il ait dessiné et gravé avec plus d'amour, d'art et de correction.* » Bartsch.

98 — Énée sauvant Anchise, d'après *le Baroche.* — 1595. (110). *« Cette pièce est une des plus fameuses d'Aug. Carrache; il l'a faite dans le temps de sa plus grande force.* » Bartsch.

Très-belle épreuve, mais doublée; elle est signée *P. Mariette,* 1669.

99 — Pan dompté par l'Amour. — 1599. (116). *« On ne peut guère voir d'estampe qui ait été gravée par Aug. Carrache avec plus de précision que celle-ci. L'invention en est de lui, et répond à la belle exécution de la gravure qui est soutenue par une grande justesse de dessin.* » Bartsch.

Très-belle épreuve.

100 — Mercure et les Grâces. (117).
Mars renvoyé par Minerve. — 1589. (118).
« Ces deux pièces sont des plus belles productions d'Aug. Carrache; il les a faites d'après les tableaux du Tintoret qui sont dans le palais de Saint-Marc, à Venise. » Bartsch.

Superbes épreuves.

Deux estampes.

101 — Les petites pièces lascives. (123 à 135). *« Ces pièces sont généralement très-rares, particu-*

·lièrement celles qui sont le plus libres. »
Bartsch.

Les épreuves de cette suite composée de
treize pièces, sont toutes fort belles, à l'exception d'une seule, le n° 134, qui est presque introuvable. L'Andromède (125) est signée, au verso, *P. Mariette*, 1669

102 — Le Pape Innocent IX. (149). « *Cette estampe
est très-rare*. Aug. Carrache *l'a gravée dans
le temps de sa plus grande force*. » Bartsch.

Belle épreuve avec de grandes marges.

103 — Jean-Gabriel Sivel. (153).

104 — Titien Vecelli. (154).

105 — Frontispice de l'ouvrage intitulé : *Rime de gli
academici gelati di Bologna*. — *In Bologna*,
1597, presso, etc. (231).

Belle épreuve, du premier état, d'une charmante estampe.

Annibale **CARRACCI.**

Voyez le Peintre-Graveur, tome xviii.

106 — Suzanne. (1).

Très-belle épreuve du premier état, parfaitement conservée.

107 L'Adoration des Bergers. (2).

Très-belle épreuve du premier état.

108 —· La même estampe.

Belle épreuve du second état; il y aurait à faire une petite restauration à gauche.

109 — Le Couronnement d'épines. — 1606. (3).

Superbe épreuve du second état, avec une jolie marge.

110 — La Sainte Vierge allaitant l'Enfant-Jésus. (6).

Epreuve du premier état qui est *inédit*; il est avant l'inscription : *Anib. Carr. Gasparo da Lolio exc.*

La même estampe.

Épreuve du second état. Ces deux estampes ont été coupées autour du trait ovale qui les entoure; elles sont doublées.
Deux estampes sur la même feuille.

111 — La Vierge accompagnée de l'Ange. (7). « *Belle pièce très-rare.* » Bartsch.

Bonne épreuve du second état. — Coll. *de Valois.*

La copie de la pièce précédente. « *Faite par quelque peintre habile qui paraît avoir été contemporain d'*Aug. Carrache *, elle passe souvent pour originale.*» Bartsch.

Deux estampes sur la même feuille.

112 — La Vierge à l'Hirondelle. — 1581. (8).

Très-belle épreuve du premier état, avant l'adresse de *Rossi.* Bartsch ne mentionne pas les épreuves du second état portant l'adresse de cet éditeur, qu'il n'a sans doute pas connues. — Collection *J. Barnard.*

113 — La Vierge à l'écuelle. — 1606. (9). « *Cette estampe est une de celles de l'œuvre d'*Annibal *qui a le plus de réputation.* » Bartsch.

Très-belle épreuve du second état, signée, au verso, *P. Mariette,* 1670.

114 — La Sainte-Famille. — 1599. (11). « *Cette estampe est une des plus considérables de l'œuvre d'*Aug. Carrache *; il l'a gravée avec beaucoup de tendresse, partie à l'eau-forte, partie au burin.* » Bartsch.

Très-belle épreuve du premier état, avant la retouche. *Bartsch* ne parle pas des épreuves retouchées.

115 — S. Michel, d'après *L. Sabattini*. (*) — 1582,

Très-belle épreuve, mal conservée et doublée.

116 — S. Jérôme. (13).

Épreuve signée *J. Mariette*, 1730, au verso.

S. François d'Assise. — 1585. (15).

Deux estampes sur la même feuille.

117 — S. Jérôme dans le désert. — (14).

Rare et très-belle épreuve avec les lettres P. S. P. (*Pietro Stefanoni*) dans le bsa de la planche, mais avant le nom du peintre, à la droite du terrain. Cette remarque a été imprimée pour la première fois dans le catalogue de la collection de M. Van den Zande.

118 — La Madeleine pénitente. — 1591. (16).

Très-belle épreuve du premier état : elle est signée, au verso, *P. Mariette*, 1668 ; mais l'encre ayant beaucoup blanchi, ce nom et cette date sont difficiles à lire.

(*) Malgré l'importance de l'opinion de *Bartsch*, il nous semble impossible que cette estampe soit de la main d'*Annibal*. L'auteur du *Peintre-graveur*, auquel nous devons beaucoup de reconnaissance pour un travail fort utile, quoiqu'imparfait, a soin de nous dire à la suite de sa description de la Vierge à l'hirondelle : « *Annibal* a si peu gravé au burin, qu'il ne pouvait pas en avoir la moindre pratique. » Comment donc *Annibal*, après avoir gravé, en 1581, la Vierge à l'hirondelle, aurait-il pu produire, un an plus tard, l'estampe du S. Michel qui décèle le talent d'un très-habile graveur au burin ? Comment, ce qui serait encore plus étrange, aurait-il pu perdre tout-à-coup son talent comme graveur au burin, en exécutant le S. François d'Assise (voyez plus bas), à l'âge de vingt-cinq ans, en 1585, trois ans après l'exécution du S. Michel ? Cela est impossible à croire, et nous en concluons que cette planche, ou du moins la plus grande partie des travaux qui la couvrent, est due à un graveur de profession, élève du grand maître Bolonais, ou plutôt encore à son digne frère, *Augustin*. Le monogramme placé au bas de l'estampe du S. Michel, ne nous paraît pas devoir faire prévaloir une opinion contraire : ne se rappelle-t-on pas, en effet, la quantité d'erreurs grossières commises par les graveurs en lettres qui, bien souvent, ont changé l'orthographe des noms propres, et, maintefois, les ont falsifiés, au gré des éditeurs du temps ?

119 — Jupiter et Antiope. — 1592. (17). « *Cette pièce, qui est gravée à l'eau forte, est d'une grande beauté.* » *Bartsch.*

Très-belle épreuve, d'une conservation parfaite.

120 — La Soucoupe. (18). « *Cette estampe est une épreuve de ce qu'An. Carrache a gravé au burin dans le fond d'une soucoupe d'argent que l'on admirait autrefois parmi les curiosités du palais Farnèse. L'artiste fit ce travail à Rome, c'est à dire dans le temps de sa plus grande force. Aussi y trouve-t-on le dessin et les expressions poussées à leur dernier (sic) période.* » *Bartsch.*

Très-belle épreuve, d'une fort bonne conservation. Le papier sur lequel elle est imprimée, n'a pas conservé sa forme primitive : il a été découpé autour de la guirlande qui entoure la composition, à une distance de 25 millimètres des travaux de la gravure.

Par un graveur anonyme de l'école d'**AN. CARRACCI.**

Voyez le Peintre-Graveur, tome xviii, p. 205.

121 — La Vierge avec l'Enfant Jésus qui fait voler un oiseau.

L'inscription *Annibale Carracci fecit* est de celle dont nous parlions précédemment. Voir la note du n° 115.

Nicolo **DELLA CASA.**

Voyez le Manuel de l'Amateur d'Estampes.

122 — Portrait de Baccio Bandinelli. (2).

Belle épreuve du premier état, en parfaite conservation.

Gio Benedetto **CASTIGLIONE** dit le **BENEDETTE.**

Voyez le Peintre-Graveur, tome XXI.

123 — L'Entrée dans l'Arche de Noé. (1).
Les Équipages de Jacob. (4).
Tobie. (5).

Belles épreuves.
Trois estampes.

124 — La Résurrection de Lazare. (6).

Très-belle épreuve.

Satyre au pied d'un Terme. (17).
Pan assis près d'un vase. (18).

Trois estampes.

125 — Le Jeune pâtre à cheval. (28).

Rare et belle épreuve du premier état, avant le ciel terminé et avant
le trait carré repris dans les intervalles où l'eau-forte n'avait pas mordu.
C'est à M. *Guichardot* qu'on doit d'avoir constaté ce premier état. (Voyez
le Catalogue du cabinet *Van den Zande.*)

Salvator **CASTIGLIONE.**

Voyez le Peintre-Graveur, tome XXI.

126 — La Résurrection du Lazare. — 1645. Seule
pièce gravée par ce maître.

Luca **CIAMBERLANO.**

Voyez le Peintre-Graveur, tome XX.

127 — Jésus-Christ apparaît à la Madeleine sous la
figure d'un jardinier, d'après *Le Baroche.* —
1609. (3).

Très-belle épreuve. — Cette composition a été gravée de nouveau par
R. *Morghen,* au commencement de ce siècle.

CLAIRS OBSCURS.

Voyez le Peintre-Graveur, tome xii.

128 — Le Sacrifice d'Abraham, d'après *le Parmesan*. — 1re section, n° 3.

David coupant la tête à Goliath, gr. par *Ugo da Carpi*, d'après *Raphaël*. — 1re sect., n° 8.

Épreuve du second état.

L'Adoration des Mages, gravé par *J. Nicolas de Vicence*, d'après *le Parmesan*. — 1605. 2e section, n° 2.

Épreuve du second état.

Jésus guérissant les lépreux, gr. par *J. Nic. de Vicence*, d'après *le Parmesan*. — 2e section, n° 15.

Épreuve du second état.

La Mort d'Ananie, gr. par *Ugo da Carpi*, d'après *Raphaël*. — 2e section, n° 27.

Épreuve du second état.
Cinq Estampes.

129 — La Vierge accompagnée de saints, d'après *le Parmesan*. — 3e section, n° 24.

La Vierge entourée de saints, gravée par *Alex. Ghandini*, d'après *le Parmesan*. — 1610. 3e section, n° 25.

S. Jean-Baptiste dans le désert, gravé par *Antoine de Trente*, d'après *le Parmesan*. — 4e section, n° 17.

S. Pierre et S. Jean guérissant les malades, d'après *Raphaël*. Le trait a été gravé à l'eau-forte par *le Parmesan*. — 4ᵉ section, nᵒ 27.

Les Quatre docteurs de l'Église, d'après *Becca-fumi*. — 4ᵉ section, nᵒ 27.

Cinq estampes.

130 — Circé, d'après *le Parmesan*. —7ᵉ section, nᵒ 8.

Hercule étouffant le lion de Nemée, gravé par *Nicolas de Vicence*, d'après *Raphaël*. — 7ᵉ section, nᵒ 17.

Épreuve du premier état.
Deux estampes.

131 — Nymphes au bain, gravé par *Andreani*, d'a-près *le Parmesan*. — 7ᵉ section, nᵒ 12.

Épreuve du second état.

Les Honneurs rendus à Psyché, gravé par *Antoine de Trente*, d'après *Joseph Salviati*. — 1602. 7ᵉ section, nᵒ 26.

La Charité, d'après *le Parmesan*. — 8ᵉ section, nᵒ 3.

Le Joueur de luth, gravé par *Antoine de Trente*, d'après *le Parmesan*. — 10ᵉ section, nᵒ 3.

Quatre estampes.

Francesco **COZZA.**

Voyez le Peintre-Graveur, tome xix.

132 — Le Sommeil de l'Enfant divin. (1).

Superbe et très-rare épreuve du premier état, qui est *inédit;* elle est tirée avant que les mots *invent. et f.* qui suivent les noms du Peintre-Graveur, n'aient été remplacés par ceux-ci : *Inventor, sculpsit et pinxit.*

Giuseppe Maria **CRESPI**, dit **LO SPAGNOLO**.

Voyez le Peintre-graveur, tome xix.

133 — La Nativité, d'après *Aug. Carrache.* (3).

Giuseppe **DIAMANTINI**.

Voyez le Peintre-graveur, tom. xxi.

134 — Saturne, l'Amour et une femme. (30).

Gasparo **DUGHET**, dit **LE GUASPRE** ou **GASPARD POUSSIN**.

Voyez le Peintre-graveur, tome xx.

135 — Deux paysages. (5 et 6).

Deux belles épreuves du premier état.

Pietro **FACCINI**.

Voyez le Peintre-graveur, tome xviii.

136 — Saint François d'Assise. (1). « *Cette pièce est gravée à l'eau-forte avec beaucoup de science par P. Faccini, d'après le tableau qu'il a peint pour l'église des Capucins à Bologne.* » Bartsch.

Très-belle épreuve.

Aniello ou Angelo **FALCONE**.

Voyez le Peintre-graveur, tome xx.

« *Les estampes de* Falcone *offrent une imagination vive, un dessin ferme et savant, des tournures et des airs de tête approchant du goût du* Parmesan, *enfin une pointe toujours facile, souvent spirituelle..... ces pièces ne se trouvent que fort difficilement.* » Bartsch.

137. — Le Tombeau, d'après le *Parmesan*. (13).

Très-belle épreuve, avant la lettre.

Orazio **FARINATO**.

Voyez le Peintre-graveur, tome xvi.

138 — La Sainte Croix, d'après *Paul Farinato*. (4).

Belle épreuve.

Odoardo **FIALETTI**.

Voyez le Peintre-graveur, tome xvii.

139 — Les Noces de Cana, d'après le célèbre tableau
du *Tintoret* qui est placé dans la sacristie
de l'église *della Salute* à Venise. (2).

Belle épreuve.

140 — Scherzi d'Amore (les Jeux de l'Amour), suite
de quatorze pièces y compris le second titre.
— 1617. — (6 à 19).

Bartsch dit que cette suite est composée de
quinze pièces, parce qu'il y a deux titres. Le
premier des deux manque dans notre suite;
mais il ne présente que ces mots : *Scherzi
d'Amore espressi de Odoardo Fialetti, Al.
magnanimo, etc...* *Baron Roos.* Sur une banderolle, au bas de la planche, est écrit : *In
Venetia...* MDCXVII.

Belles épreuves du premier état, avant la retouche.

141 — Angélique et Médor. (33).

Belle épreuve.

Battista **FRANCO.**

Voyez le Peintre-graveur, tome XVI.

142 — L'Enlèvement de Déjanire, d'après un bas-relief antique. (4).

Très-belle épreuve du premier état.

Gio. Bat. **GALLESTRUZZI.**

Voyez le peintre graveur, tome XXI.

143 — Trophées d'armes et de vasés. (47 à 51).

Belles épreuves. — Pour que cette suite fût complète, il faudrait y joindre le numéro 52 qui manque.

Cinq estampes.

Gio. Battista **GHISI**, dit **JEAN-BAPTISTE MANTUAN.**

Voyez le Peintre-graveur, tome XV.

144 — Un Amour jouant du clavecin. — 1538. (10).

145 — Un soldat emmenant une femme, d'après *Jules Romain.* — 1539. (14).

Epreuve très-fine.

146 — Les Troyens repoussant les Grecs, d'après *Jules Romain.* — 1538. (20).

« *Cette estampe est la plus considérable et la plus belle de l'œuvre du maître.* » Bartsch.

Epreuve tirée avant l'adresse de *Rossi.*

Giorgio **GHISI**, dit **GEORGES MANTUAN.**

Voyez le Peintre-graveur, tome XV.

147 — Marius à Minturne, d'après *Polidore.* (26).

Très-belle épreuve avec une marge de 12 mm. — Collec. *Ed. Durand.*

148 — La Victoire, d'après *Jules Romain*. (34).

Très-belle épreuve.

149 — L'Amour et Psyché, d'après *Jules Romain*. — 1574. (45).

Superbe épreuve du premier état; elle est signée, au verso, des initiales des noms de *P. Mariette* : sa conservation est parfaite. — Collec. *Revil*, 1830.

150 — La Naissance de Memnon, d'après *Jules Romain*. — 1568 (57).

Très-belle épreuve du premier état.

151 — Angélique et Médor, d'après *Théodore Ghisi*. (62).

Très-belle épreuve.

152 — Pénélope au milieu de ses femmes qui font de la toile, d'après le *Primatice*. — Numéro 2 des pièces douteuses, attribuées à *Georges Mantuan*.

Très-belle épreuve sortie anciennement, par un échange, du cabinet des estampes de la Bibliothèque impériale, et portant son estampille.

Adamo **GHISI**, dit **ADAM MANTUAN**.

Voyez le Peintre-graveur, tome xv.

153 — Deux Amours montés sur des dauphins, d'après *Jules Romain*. (13).

Belle épreuve portant en haut, près de la partie ceintrée, les initiales des noms de *P. Mariette*; elle a été coupée autour du trait qui limite la composition, en sorte qu'elle est de forme ovale.

154 — Apollon, d'après une statue antique. (20).

Belle épreuve.

155 — Hercule étouffant le lion, d'après *Jules Romain*. (21).

156 — Bacchanale, d'après un bas-relief antique. (24).

157 — Un volume cartonné contenant les quarante premiers numéros des figures gravées d'après *Michel-Ange*, y compris le titre. — (27 à 66). — Les planches 12 et 39 sont doubles.

Epreuves toutes premières d'une grande finesse.

158 — Les trente-deux pièces suivantes complétant cette suite qui est composée de soixante-douze pièces; elles sont aussi faibles que les premières sont belles. — (67 à 98).

159 — La Servitude, d'après *Mantègne*. (103).

Epreuve d'une grande finesse.

Diana GHISI.

Voyez le Peintre-graveur, tome xv.

160 — La Vierge dans les nues. Au-dessous, l'ange Gabriel, saint Michel terrassant le démon, et l'archange Raphaël tenant un enfant à genoux près de lui, d'après *Raphaël*. (31).

Très-belle épreuve du premier état et d'une conservation parfaite.

Francisco GOYA.

Voyez le *Catalogue raisonné de Francisco Goya y Lucientes*, par M. Eug. *Piot*; il a été publié dans le *Cabinet de l'Amateur*, tome 1er, p. 346.

161 — Les Caprices. (1 à 80).

Cette suite d'estampes, gravées à l'eau-

forte mélangée d'aqua-tinta, est composée
de quatre-vingts pièces numérotées de 1 à
80, et forme un très-beau volume relié en
maroquin, et doré sur tranche.

Belles épreuves du premier tirage imprimées avec une encre rousse.

162 — Tauromaquia. (82 à 113).

Trente-trois estampes représentant différentes manières et feintes de l'art de com-
battre les taureaux, inventées et gravées à
l'eau-forte, à Madrid, par *don Francisco de
Goya y Lucientes.* — Ce qui précède est la
traduction du titre espagnol placé à la tête
de la série des estampes.

Bel exemplaire cartonné et peu rogné.

163 — D. Baltasar Carlo, principe de Espana, d'après
Velasquez. 1778. (138).

Superbe épreuve d'essai avant toute lettre. — Une épreuve d'essai
d'*Esope*, 1778 (144) est imprimée sur le verso; elle est avant l'inscription
rapportée dans le Catalogue de l'œuvre du maître, et n'a d'autre lettre
imprimée que le nom du personnage, en latin, gravé dans le haut du
fond.

164 — Un nain du roi Philippe IV, feuilletant un livre,
d'après *Velasquez.* — 1778. (143).

Superbe épreuve avant toute lettre, avec de très-grandes marges.

Gio. Francesco **GRIMALDI**, dit **LE BOLOGNESE.**

Voyez le Peintre-graveur, tome xix.

165 — L'oiseau perché sur une souche. (40).
La femme, son enfant et l'homme debout. —
1643. (41).

Très-belles épreuves du premier état.
Deux estampes.

Guido Reni, dit LE GUIDE.

Voyez le Peintre-graveur, tome xviii.

166 — La Vierge avec l'Enfant Jésus. (1). « *Cette
estampe est une des plus belles productions
du Guide : elle est rare.* » Bartsch.

Très-belle épreuve du premier état.

167 — La Vierge avec l'Enfant Jésus. (3).

Très-belle épreuve.

168 — La même estampe. (3).

169 — Sainte Famille. (9).

Très-belle épreuve du premier état.

170 — Sainte Famille (11).

Très-belle épreuve signée, au verso, *P. Mariette*, 1668.

171 — Une gloire d'anges, d'après *L. Cambiasi*. (45).
« *Cette estampe est une des plus belles et des
plus terminées de l'œuvre du Guide.* » Bartsch.

Très-belle épreuve, d'une parfaite conservation.

172 — Jésus-Christ mis au tombeau d'après le *Parmesan*. (46). — « *Cette pièce est gravée avec
tout l'esprit possible d'après l'estampe originale
du Parmesan.* » — Bartsch. Voir le numéro
273.

Très-belle épreuve, avec un défaut dans le papier.

173 — Jésus-Christ et la Samaritaine, d'après *An.
Carrache*. — ~~1595~~. (52).

Belle épreuve du second état.

174 — Saint Roch distribuant son bien aux pauvres, d'après *An. Carrache.* — 1610. (53).

Très-belle épreuve du second état ; elle est signée, au verso, *P. Mariette*, 1668.

PAR UN GRAVEUR ANONYME DE L'ÉCOLE DU GUIDE.

Voyez le Peintre-graveur, tome XVIII.

175 — Judith, d'après le *Guide.*

GIROLAMO **IMPERIALE.**

Voyez le Peintre-graveur, tome XX.

176 — La Sainte Vierge. (1). « *Cette pièce est gravée d'une pointe large mais très-ferme.* » Bartsch.

Très-belle épreuve.

LODOVICO **LANA.**

Voyez le Peintre-Graveur, tome XVIII.

177 — La Sainte Famille. (1).

Belle épreuve.

GUGLIELMO **LEONE.**

178 — Un troupeau de chèvres et un âne près d'un cours d'eau qui passe sous une arche contiguë à des ruines.

Très-belle épreuve.

TEODOR FILIPPO **LIANO** dit PHILIPPE **NAPOLITAIN.**

Voyez le Peintre-graveur, tome XVII.

179 — Un soldat debout, vu de face. (7).

OTTAVIO **LIONI.**

Voyez le Peintre-graveur, tome XVII.

180 — Fr. Barbieri, dit le *Guerchin*. — 1623. (18).
Jean Laurent Bernini. — 1622. (19).

Deux estampes. — Belles épreuves.

LORENZO **LOLI**.

Voyez le Peintre-graveur, tome XIX.

181 — La Sainte Vierge avec l'Enfant Jésus, d'après
G.-A. Sirani. (2).

Belle épreuve d'une pièce rare.

GIO. BATTISTA **LUPRESTI**, de Palerme.

182 — Marine par un gros temps.

Très-belle épreuve, avant le nom du maître.

MAITRES ANONYMES (Vieux) DE L'ÉCOLE D'ITALIE.

Voyez le Peintre-graveur, tome XIII.

183 — Hercule assis, d'après une statue antique mu-
tilée. — (5 des sujets de mythologie.)

Très-belle épreuve, bien conservée.

PIÈCE INÉDITE.

184 — Saint Sébastien. — Le saint, percé de flèches,
est attaché à un tronc d'arbre et fait face au
spectateur. Son bras gauche est lié à une
branche d'arbre dirigée à gauche de manière à masquer une partie du visage, et à
ne laisser voir que les yeux, tandis que son
bras droit, replié en arrière, est caché, à
l'exception de la main. La jambe gauche du
saint touche la terre, et la droite est repliée
et pose sur le tronc d'arbre, un peu plus
haut que le genou de l'autre jambe.

Cette belle pièce est exécutée dans la manière de J. Antoine de Brescia, d'après un dessin de *Mantègne*, vraisemblablement ; elle est si rare, que nous n'en avons jamais vu une seconde épreuve. — Sans lettre et sans trait carré.

Haut. 282 mm. — Larg. 143 mm.

Superbe épreuve parfaitement conservée.

LE MAITRE AU DÉ.

Voyez le Peintre-graveur, tome xv.

185 — Saint Sébastien. (14).

Très-belle épreuve ; elle porte, au verso, le nom de *P. Mariette, 1665*.

186 — L'envie chassée du temple des Muses, d'après *B. Peruzzi*. (17).

Très-belle épreuve du premier état ; elle porte, au verso, le nom de *P. Mariette* et la date *1656*.

187 — Apollon tuant le serpent Python. (19). — Le fleuve Pennée consolé par les fleuves du voisinage. (22). — Ces deux estampes ont les numéros 2 et 4 dans l'histoire d'Apollon et Daphné, suite de quatre pièces gravées d'après les compositions de *Jules Romain*.

Très-belles épreuves du premier état ; celle du numéro 22 porte, au verso, le nom de *P. Mariette*, suivi de la date *1668* : elle est privée de sa marge d'en bas qui contient huit vers italiens, ainsi que le nº 19.

Deux estampes.

188 — Apollon et Marsyas, d'après *Raphaël*. (31).

Très-belle épreuve du premier état.

189 — Frise à l'enfant monté sur une chèvre. (36).

Frise au triomphe de l'Amour. (37).

Deux estampes d'après *Raphaël.*

Belles épreuves.

190 — L'Amour couché dans les bras de Psyché. (47).

L'Amour fuyant Psyché. (52).

Psyché racontant ses infortunes à ses sœurs. (53).

Psyché va chercher la laine d'or. (61).

Psyché dans la barque de Caron. (63).

Proserpine donne à Psyché la boîte de beauté. (65).

Ces six pièces font partie de la belle suite de la fable de Psyché, gravée d'après les dessins de *Raphaël.*

Belles épreuves du premier état; celle du numéro 53 de l'œuvre est privée de sa marge d'en bas, qui renferme huit vers italiens, ainsi que les autres.

191 — Psyché reçoit un ordre de Vénus, d'après *Raphaël.* (71). — Cette pièce n'a pas les mêmes dimensions que la suite précédente, et n'en fait pas partie.

Très-belle épreuve d'une parfaite conservation, avec de belles marges sur trois côtés.

192 — Enée sauvant Anchise, d'après *Raphaël.* (72).

Très-belle épreuve du premier état, avant le nom du peintre et l'adresse de *Thomassin,* qui se trouvent sur les épreuves du deuxième état. *Bartsch* ne parle pas de ce second état, qu'il n'a sans doute pas connu.

193 — Les deux gladiateurs, d'après *Jules Romain*. (77).

Belle épreuve.

194 — Cinq gladiateurs livrant un combat à des bêtes féroces, d'après *Jules Romain.*—1532. (79).

Belle épreuve du premier état, avant l'adresse d'*Ant. Salamanca*. Les épreuves du deuxième état, portant le nom de cet éditeur, n'ont pas été remarquées par *Bartsch*.

MAITRES ANONYMES.

Qui semblent être de l'école de Marc Antoine.

Voyez le Peintre-graveur, tome xv.

195 — Psyché emportée dans l'Olympe, d'après un dessin de *Raphaël*, qui a précédé l'exécution de la fresque qu'on voit à Rome, à la Farnesine. (5 des sujets de mythologie).

Epreuve avec l'adresse de *Lafréri*, ou du second état, dont *Bartsch* ne parle pas.

196 — Diane et ses nymphes au bain. (10 des sujets de mythologie).

Très-belle épreuve du premier état qui est fort rare, selon *Bartsch*.

197 — L'abreuvoir des bœufs. — (8 des sujets de fantaisie). — « *On nomme* Raphaël *pour auteur du dessin de ce morceau, et pour graveur* Marc Antoine, Augustin Vénitien *ou* Marc de Ravenne. *Quant à nous, nous ne saurions trouver aucune bonne raison pour nous déclarer pour l'un ou pour l'autre de ces artistes.* » Bartsch.

Très-belle épreuve du premier état. — Collections *Denon* et *Debois.*

PIÈCES INÉDITES DE LA MÊME ÉCOLE.

198 — Le prophète Jérémie, d'après la fresque de *Michel-Ange* qu'on voit au Vatican, dans la chapelle Sixtine; il a été gravé aussi par les deux Mantuans, *George et Adam Ghisi.* Sur un cartouche placé au-dessous du socle où reposent les pieds de Jérémie, on lit : *Hieremias, Romæ : Ant. Lafreri.*

Très-belle épreuve du premier état, avant une seconde adresse.

199 — L'Annonciation. — Assise et tenant un livre sur ses genoux, près d'un lit sur lequel elle est accoudée, la sainte Vierge écoute les paroles de l'ange Gabriel qui, un genou à terre, lui présente une branche de lys de la main gauche, en montrant le ciel avec la main droite. La scène se passe dans une chambre dont la porte ouverte, au milieu du fond, laisse voir un homme penché sur un balcon. Cette belle estampe, sans aucune lettre, pourrait bien être gravée par *Marc de Ravenne,* d'après un dessin de *Raphaël :* elle est fort rare.

Larg. 355 mm. — Haut. 145. mm.

Très-belle épreuve, d'une conservation parfaite.

200 — La femme pensive. — Elle est tournée vers la gauche et assise : sa tête, qu'on voit de profil, est penchée. Par une fenêtre placée derrière elle, au milieu de la composition, on aperçoit quelques fabriques, et l'on remarque un ange qui porte une croix, en se

dirigeant vers la gauche, dans le ciel. — Cette estampe, dont la composition a quelque ressemblance avec celle que *Bartsch* décrit au numéro 40 de son quinzième volume, en diffère cependant d'une manière notable ; elle est sans aucune lettre.

Haut. 202 mm. — Larg. 125 mm.

Très-belle épreuve. — Collection *Th. Lawrence.*

201 — La Nymphe, le Satyre et l'Amour. — Une Nymphe debout, vêtue d'une draperie attachée sur son épaule et qui ne couvre que le bas de son corps, foule à ses pieds un satyre. L'Amour, placé derrière le satyre, fait des efforts pour se dégager de ses étreintes.

Haut. 205 mm. — Larg. 126 mm.

Très-belle épreuve d'une estampe fort remarquable, que nous croyons de la plus grande rareté, sinon unique ; elle ne porte aucune marque et sa conservation est parfaite.

202 — L'Arc de Constantin à Rome. — 1583. — Ce monument est dessiné dans des proportions un peu plus fortes que celles du même Arc, dans l'estampe gravée par *Augustin de Venise.* (Voyez le numéro 355 de ce catalogue.) A la gauche de l'Arc, et dans le bas de cette estampe, on lit : *Romæ, Claudy Ducheti formis* 1583.

Larg. 427 mm. — Haut. 295 mm.

MAITRES DE L'ÉCOLE DE FONTAINEBLEAU.

I. — Francesco **PRIMATICCIO.**

Voyez le Peintre-graveur, tome XVI.

203 — Les deux femmes romaines. (1).

Très-belle épreuve de la seule pièce qui ait été gravée par ce grand maître. — L'estampe avait été divisée en deux parties, dont chacune renfermait une femme. Les deux morceaux ont été replacés à côté l'un de l'autre, assez habilement pour qu'il soit difficile de voir que la feuille de papier a été coupée, de haut en bas, par la moitié.

II. — LÉON **DAVEN.**

Voyez le Peintre-graveur, tome XVI.

204 — La Sainte Famille, d'après *le Parmesan*. (1).

Très-belle épreuve.

205 — Sainte Madeleine portée au ciel par des anges, d'après *le Primatice*. (4).

Très-belle épreuve.

206 — Alexandre domptant Bucéphale, d'après *le Primatice*. (12).

Très-belle épreuve, du premier état.

207 — Europe couronnant de fleurs le taureau, d'après un dessin du Primatice qui a appartenu à *P. J. Mariette*, et qui est entré dans notre collection. (29).

Très-belle épreuve.

208 — Bellone assise sur des trophées, d'après *le Primatice*. (34).

Belle épreuve de la collection *Robert-Dumesnil*.

209 — Danaé, d'après *le Primatice*. (40). — Psyché puisant de l'eau dans la fontaine gardée par des dragons, d'après la peinture de *Jules Romain*, qu'on voit à Mantoue dans le palais du T. (46).

Deux estampes ; elles ont été découpées autour du trait qui limite les deux compositions, dont l'une est ovale et l'autre ceintrée.

210 — Des hommes et des femmes occupés à cultiver un jardin, d'après *le Primatice*. (43).

Superbe épreuve.

211 — Adonis poursuivant un sanglier qui traverse une rivière, d'après *Lucas Penni*. (48).
Diane poursuivant un cerf qui traverse une rivière, d'après *Lucas Penni*. (49).

Deux estampes : elles ont été découpées en suivant le trait qui entoure l s deux compositions de forme ovale.

212 — Mars et Vénus servis par les Grâces, d'après *L. Penni*. (52).

Belle épreuve signée *P. Mariette*, 1676, au verso.

213 — Jeune homme buvant dans un vase que lui présente une jeune femme, d'après *le Primatice*. (61).

214 — Chasse au cerf, d'après *Le Primatice*. (64).

Belle épreuve. Collection *Robert-Dumesnil*.

— La Pêche, d'après *le Primatice*. (65).

Deux estampes : le papier de la seconde a été découpé autour du trait qui limite la composition de forme ovale.

215 — Marc-Aurèle offrant un sacrifice, d'après un bas-relief de la colonne Antonine. — 1565. (14).

216 — Femme offrant un sacrifice au dieu Terme, d'après un bas-relief antique. (53).

PIÈCES GRAVÉES PAR L. DAVEN ET QUE BARTSCH N'A PAS DÉCRITES.

217 — Une Muse, d'après une statue antique. — Ce joli morceau a été décrit pour la première

fois dans le Catalogue des estampes colligées par *M. Robert-Dumesnil*.

Belle épreuve. — Collection *Robert Dumesnil*.

218 — Les amours de Jupiter et de........ d'après *le Primatice*. — Au bas de cette superbe estampe, on voit les initiales *L. D.*, des noms du graveur, surmontées du mot *Bologna*, qu'on lit habituellement sur les estampes gravées d'après *le Primatice* (né à *Bologne*), ainsi que sur la plupart des beaux dessins de ce maître exposés au Louvre. — *Pièce inédite*.

Larg. 285 mm. — Haut. 232 mm.

Superbe épreuve d'une pièce de la plus grande rareté.

III. — Ant. FANTUZZI, dit ANTOINE DE TRENTE.

Voyez le Peintre-graveur, tome XVI.

219 — Le combat des Horaces et des Curiaces, d'après *Jules Romain*. (5). — On a commencé une restauration en haut, à gauche, près de la barrière qui entoure le champ clos.

220 — Dame romaine, d'après une statue antique. (12).

221 — Hercule labourant un champ, d'après *le Primatice*. (15).

PIÈCES INCONNUES A BARTSCH ET QUI ONT ÉTÉ DÉCRITES POUR LA PREMIÈRE FOIS PAR M. ROBERT DUMESNIL DANS LE CATALOGUE CITÉ PRÉCÉDEMMENT.

222 — Minerve, d'après une statue antique.
Hygie, d'après une statue antique.

Deux estampes sur la même feuille. — Collection Robert Dumesnil.

223 — Dessin de corbeille. — Collection *Robert Du-mesnil*.

La première de ces trois pièces est la seule qui porte le monogramme du graveur, mais dans les premières épreuves seulement.

MORCEAUX INÉDITS.

GRAVÉS PAR ANT. **FANTUZZI**.

224 — Le Satyre et la Nymphe, d'après *Jules Romain*. — La Nymphe, assise à droite de la composition, s'appuie du bras gauche sur un panier rempli de fleurs et de fruits, et relève son bras droit sur sa tête. Le Satyre, à genoux devant elle, écarte la jambe de la Nymphe. — Le monogramme de l'artiste est placé à gauche, au bas de la planche.— Nous connaissons une copie de cette belle estampe : elle a été faite par un graveur français du xviie siècle.

Larg. 273 mm. — Haut. 175 mm.

225 — Groupe de deux Romaines, d'après l'antique. La plus grande appuie la main gauche sur l'épaule de la plus petite : cette dernière est sans bras. Le monogramme de *Fantuzzi* est placé presque au milieu de la plinthe, sous le groupe.

Haut. 196 mm. — Larg. 104 mm.

226 — Jeune dame romaine, d'après une statue antique. — 1543. —Vue de face, elle est enveloppée dans une draperie et elle a les pieds nus. Au milieu de sa poitrine, on remarque un

ornement qui est le point de jonction de deux bandelettes passant sur ses épaules et allant se joindre par derrière : cette figure n'a qu'un bras. On lit sur la plinthe : *Roma,* **D.** (*onna*) *Latina Juvenile.* Ces mots sont suivis de la date 1543 et du monogramme de l'artiste.

Haut. 270 mm. — Larg. 119 mm.

IV. — Domenico **DEL BARBIERE**, dit **DOMENICO FIORENTINO.**

Voyez le Peintre-Éraveur, tome XVI.

13 227 — Groupe tiré du Jugement dernier de Michel-Ange. (2).

Très-belle épreuve.

4 228 — Amphiaraüs, d'après *le Rosso.* (4).

9.50 229 — Assemblée d'hommes et de femmes, d'après *le Primatice.* (6).

Superbe épreuve d'un premier état *inédit* ; il est avant l'inscription : A. FONTANA. — BELO BOL.

V. — Pièce gravée par le maître au monogramme N° 13.

Voyez le Peintre-graveur, tome XVI.

7 230 — Les ambassadeurs Romains venant trouver Brennus. (1).

VI. — Estampes gravées par différents maîtres anonymes de l'école de Fontainebleau.

Voyez le Peintre-graveur, tome XVI.

10 231 — Le Sacrifice d'Abraham, d'après *le Rosso.* (4).

30 232 — La Déposition de croix, d'après *Lucas Penni.* — *(25)*

Superbe épreuve.

233 — Cléopâtre. (41).

234 — L'Enlèvement d'Hélène. (42).

235 — L'Entrée du cheval de bois à Troie. (45).

236 — Une femme implorant un guerrier. (46).

237 — Curtius se précipitant dans un gouffre. (47).
Les cinq estampes précédentes ont été gravées d'après les dessins de *L. Penni*.

238 — Jupiter et Sémélé, d'après *le Primatice*. (54).
Ce morceau, qui ne porte pas la marque de
L. Daven, paraît avoir été gravé par cet ar-
tiste. — Collect. *Robert Dumesnil*.

239 — Vénus pleurant la mort d'Adonis, d'après
L. Penni. (58).
Très-belle épreuve.

240 — Psyché en présence de Proserpine, d'après la
peinture de *Jules Romain*, dans le palais
du T., à Mantoue. (74).

241 — Jeune homme buvant dans un vase que lui
présente une jeune femme, d'après *le Primatice*. (81). — La même composition, à
quelques petits changements près, a été gravée par *L. Daven*. (Voyez le n° 213 de ce
Catalogue.)

Deux estampes.

VII. — ESTAMPES GRAVÉES PAR DES MAITRES ANONYMES, ETC.

242 — La Pêche miraculeuse, d'après un dessin de
l'école de Raphaël. — Très-beau morceau,
sans marque aucune. — Collect. *Robert Dumesnil*.

243 — Rinceau, où l'on voit, à droite, un satyre et une satyresse ayant l'Amour entre eux.

Très-belle épreuve. — Collec. *Robert Dumesnil.*

La description des deux pièces précédentes se trouve dans le *Catalogue des estampes colligées par M. Robert Dumesnil.* La première est décrite au n° 32, et la seconde fait partie du n° 35, dont elle est la cinquième pièce. Quelques connaisseurs attribuent le Rinceau à la pointe d'*Horace Farinato.*

VIII. — MORCEAUX INÉDITS GRAVÉS PAR DES MAITRES ANONYMES DE L'ÉCOLE DE FONTAINEBLEAU.

244 — Prophète, d'après *Michel-Ange.* — Il va écrire sur une tablette qu'il tient dans sa main droite, et tourne la tête à gauche, en élevant les yeux, comme s'il cherchait une inspiration. Trois enfants, deux à gauche, et le dernier derrière le prophète, complètent cette composition. On lit en bas : *Mich. Ang. inv.*

H. 227 mm. — L. 167 mm.

Très-belle épreuve.

245 — Le Combat des Centaures et des Lapithes, d'après *le Rosso.* — Au milieu de la composition, on remarque un Centaure qui passe sur le corps d'un Lapithe renversé par terre, une massue à la main. — Pièce ronde, mal conservée et dont le papier a été découpé autour de la composition : elle est sans aucune lettre.

Diamètre de l'estampe, 299 mm.

40

246 — Bacchus enfant. — Bacchus, monté sur une pan-
thère qui mange des raisins dans une corbeille à terre, s'appuye sur l'épaule d'un
jeune suivant debout à sa gauche, et se pré-
pare à boire le vin qu'un second enfant lui
verse dans une patère. Deux autres enfants,
dont l'un porte une amphore, suivent par
derrière. Nous ignorons d'après quel maître
est gravée cette charmante estampe, sans
lettre ni marque aucune.

L. 224 mm. — H. 133 mm.

Très-belle épreuve; l'angle supérieur à gauche a été restauré.

50

247 — Le vieux Silène, d'après *Lucas Penni*. — Cette
composition a été gravée par *René Boyvin*,
dont l'estampe fait aussi partie de cette collection. (Voyez sa description dans le hui-
tième volume du *Peintre-graveur français*,
par M. *Robert-Dumesnil*.

H. 229 mm. — L. 165 mm.

Très-belle épreuve, parfaitement conservée.

38

248 — Figure allégorique, d'après *le Primatice*.
Femme assise sur un coussin. Tournée vers
la droite, elle a le dos et le bras appuyés
sur un enfant assis derrière elle. Du côté
opposé, sont deux enfants debout, dont l'un
verse l'eau contenue dans un vase qu'il
porte sur son épaule droite; une sphère cé-
leste est placée sur un plan plus réculé. On
lit à gauche, près du trait carré : *F. Pri-
matissio inven.*

L. 197 mm. — H. 138 mm.

Très-belle épreuve.

19. 249 — Michel-Ange Buonarotti à l'âge de vingt-trois
ans. — *Michel-Ange* enveloppé dans un ample
manteau, est assis près d'une fenêtre, et
semble méditer profondément, sa tête appuyée sur sa main droite. Près du trait carré,
à gauche, on lit : *Micha. Ange Bonarota-*
nus Florentinus sculptor optimus ætatis suæ
(*sic*) 23.

Très-belle épreuve.

MAITRES ANONYMES DU XVIᵉ SIÈCLE, GRAVUERS SUR BOIS.

PIÈCES INÉDITES.

16 250 — Hercule étouffant Antée, d'après un dessin qui
pourrait bien être de *A. Mantegne.* — 1542.
Sur le côté droit de la planche on lit l'inscription : *Divo Herculi invicto.* — Les lettres
qui la composent sont placées les unes au-
dessous des autres, de telle sorte que la première lettre *D* occupe le sommet de la ligne
verticale formée par l'inscription, tandis que
la dernière lettre *O* est placée à l'extrémité
inférieure de cette même ligne. — On lit la
date 1542 sur la terrasse, dans l'angle de
la planche, à droite.

H. 223 mm. — L. 172 mm.

Belle épreuve d'un très-beau morceau.

20 251 — La Mise au Tombeau, d'après *le Parmesan.*
Cette composition a beaucoup d'analogie,
mais cependant diffère dans toutes ses parties de celle que *le Parmesan* a pris soin de
graver lui-même (Voyez le nᵒ 273 de ce Ca-

talogue), et dont le Guide a fait une fort belle copie (Voyez le n° 172). — Sans lettre ni marque.

MAITRE ANONYME AU MONOGRAMME XII DE LA PL. 3.

Voyez le Peintre-graveur, tome xix, p. 183.

252 — Hercule étouffant un géant. (3).
Mars enlevant Vénus. (7).

Belles épreuves, bien conservées.
Deux estampes.

MAITRES ANONYMES DU XVIIe SIÉCLE, GRAVEURS A L'EAU-FORTE.

PIÈCES INÉDITES.

253 — La Vierge allaitant l'Enfant-Jésus, d'après le tableau d'*André Solario*, qui fait partie de la collection du Louvre. (Voyez la description de la composition dans la *Notice des Tableaux exposés au Musée du Louvre*, par M. *Frédéric Villot*.)—Pour distinguer cette belle eau-forte des autres estampes anciennes qui doivent avoir été exécutées d'après ce célèbre tableau, il nous suffira de faire remarquer que les deux angles supérieurs du fond sont restés en blanc dans notre estampe, et qu'elle est sans aucune lettre.

H. 145 mm. — L. 110 mm.

Très-belle épreuve, d'une conservation parfaite.

254 — La Vierge donnant le sein à l'Enfant-Jésus, d'après *le Corrége*. A la gauche de cette charmante estampe, dont la composition est connue de tous les amis des beaux-arts,

comme la précédente, l'artiste a réservé une place blanche et carrée sur laquelle on a gravé l'inscription suivante : *Antonio da Corregio inven.;* et plus bas : *F. P. Delin.* L'adresse suivante : *Gio Marco Paluzzi....piazza Navona,* se lit au bas de l'estampe.

H. 186 mm.—L. 164 mm.

255 — La Sainte Vierge, debout dans une niche placée entre deux pilastres, presse l'Enfant-Jésus dans ses bras. — Charmante estampe en hauteur, gravée dans la manière de *J.-L. Valesio;* elle ne porte aucune marque.

H. 139 mm.—L. 97 mm.

256 — La Vierge entourée de Saints. — 1644.— La Vierge, assise sur un trône, présente l'Enfant-Jésus debout à l'adoration du donataire à genoux, à droite de la composition. Un saint debout, à gauche, sur le premier plan, deux autres saints placés de chaque côté de la Vierge, et quatre anges derrière le trône, complètent cette charmante composition. La date 1644, gravée à la pointe, est placée un peu au-dessus de la tête du saint qu'on voit à gauche.

H. 140 mm.—L. 99 mm.

257 — La Sainte-Famille.—La Vierge, assise au milieu de la composition, tient sur ses genoux l'Enfant-Jésus, qui tend les bras au petit saint Jean placé à droite. Le jeune précurseur tient un agneau dans ses bras. Du côté op-

posé, saint Joseph contemple cette scène.
Deux anges, les bras croisés sur la poitrine,
sont derrière la Sainte Vierge. — Morceau
sans aucune lettre.

H. 155 mm. — L. 111 mm.

258 — Le Calvaire. — Jésus, sur la croix, est au milieu
de la composition. La tête de celui des lar-
rons que l'on voit à la droite du Christ, est
entièrement masquée par l'un des bras de la
croix. On aperçoit les jambes et la main
droite de l'autre larron, ainsi que les ex-
trémités de la croix sur laquelle il est attaché. Ce morceau, qui ne porte aucune lettre, est exécuté d'une pointe très-fine et
très-légère, dans le goût du maître au monogramme C.-P.

H. 156 mm. — L. 120 mm.

259 — Saint Jérôme. — A genoux, et contemplant le
crucifix placé à droite, le saint se frappe la
poitrine avec la main gauche. — Sans aucune
lettre.

H. 106 mm. — L. 84 mm.

260 Galathée, d'après *le Corrége*. — Elle est assise
dans une conque sur le premier plan, et ses
jambes alongées sont dirigées à droite. Derrière elle, on voit un groupe de nayades et
de tritons : l'un de ces derniers, à gauche,
se sert d'un coquillage en guise de trompe ;
un second triton porte un trident sur son
épaule. On lit : *A. Coregio f.* au bas de cette
charmante estampe.

L. 169 mm. — H. 145 mm.

261 — Silène, d'après *le Guide*. — 1619. — Monté sur un âne et prêt à tomber, il est retenu sur sa monture par un satyre placé derrière lui, et prend des raisins dans une corbeille qu'un jeune faune lui présente : un autre satyre, portant une outre sur son épaule, suit par derrière. Un second faune, tenant une aiguière dans ses bras, et un troisième qui presse une grappe de raisin au-dessus de la bouche de Silène, complètent cette composition renfermée dans un octogone, et entourée d'une guirlande de feuilles de vigne et de raisins. — L'inscription *Guido Bolognese inv.* se lit en bas, au-dessus de la guirlande, et la date 1619 est placée tout-à-fait au bas, au-dessous et très-près du bord de la planche. — Le travail du burin domine dans cette belle estampe commencée à l'eauforte.

H. 242 mm. — L. 232 mm.

Très-belle épreuve, signée *P. Mariette*, 1678.

Andrea MANTEGNA.

Voyez le Peintre-graveur, tome XIII.

262 — La Flagellation (1).

Très-belle épreuve, bien conservée; elle est signée *P. Mariette*, 1662, au verso.

263 — Les Soldats portant des trophées. (13).

Très-belle épreuve.

264 — Combat de deux Tritons. (17).

Superbe épreuve, d'une belle conservation. — Collect. *Revil*, 1830.

265 — Bacchanale à la cuve. (19). Morceau cité par *Vasari*.

Superbe épreuve, en mauvais état de conservation. — Collect. *Debois*.

Carlo **MARATTA.**

Voyez le Peintre-graveur, tome XXI.

266 — L'Assomption de la Vierge. (8).

267 — Le Martyre de saint André, d'après la fresque du *Dominiquin* qu'on voit à Rome dans l'église de Saint-Grégoire. (11).

Très-rare et très-belle épreuve d'un premier état *inédit*. Elle a été tirée avant les inscriptions : *Dominicus Ciampellus pinxit S. Gregorio. — Carolus Maratus... cum privilegio regis,* qu'on lit sur les épreuves de l'état suivant décrit par *Bartsch*, et avant que la marge du cuivre n'ait été réduite. — Condition parfaite.

F. **MATEI.**

Voyez le Catalogue des estampes colligées par M. *Robert Dumesnil.*

268 — *L'Arco di Tito con parte della vigna dei Farnesi.* — 1651.

Très-belle épreuve. — Collection *Robert Dumesnil.*

Lodovico **MATTIOLI.**

Voyez le Catalogue cité au numéro précédent.

269 — *La famosa offerta di Titiano*, etc... Charmante estampe gravée d'après un des plus célèbres tableaux du *Titien,* et que M. *Robert Dumesnil* a décrite dans le Catalogue de sa collection d'estampes italiennes.

Belle épreuve. — Collect. *Robert Dumesnil.*

Francesco **MAZZOLA**, dit **IL PARMIGIANINO.**

Voyez le Peintre-graveur, tome XVI.

270 — L'Annonciation. (2).

271 — La Nativité. (3).

Très-belle épreuve ; elle est signée, au verso, *P. Mariette,* 1669.

272 — La Sainte Vierge. (4).

Très-belle épreuve, signée *P. Mariette*, 1671, par derrière.

273 — La Sépulture de Jésus-Christ. (5).

Très-belle épreuve du premier état. Une déchirure dans le milieu de l'estampe a été habilement restaurée.

274 — Saint Jacques-Majeur. (8).

275 — Sainte Thaïs. (10).

276 — Le Berger debout. (12).

277 — Le jeune Homme et les deux Vieillards. (13).

278 — Les deux Amants. (14).

Andrea **MELDOLLA.**

Voyez le Peintre-graveur, tome XVI.

279 — Le petit Moïse sauvé du Nil. (2). Épreuve teintée et rehaussée de blanc, vraisemblablement d'après le dessin du *Parmesan*, qui a servi pour la gravure.

280 — Jésus-Christ guérissant les lépreux. (14).

281 — Le petit saint Jean rend hommage à l'Enfant-Jésus. (64).

Ces trois pièces, fort rares, comme tous les ouvrages de *Meldolla*, sont gravées d'après des dessins du *Parmesan*.

PIÈCE INÉDITE.

282 — Le Retour de l'Enfant prodigue, d'après *le Parmesan*. — L'Enfant prodigue s'est agenouillé devant son père, qui l'embrasse en présence de deux hommes à barbe placés derrière

lui, et d'un jeune homme ému par ce spec-
tacle. — Cette charmante estampe est sans
aucune lettre.

H. 143 mm. — L. 88 mm.

GIO. BATTISTA **MERCATI.**

Voyez le Peintre-graveur, tome xx.

283 — Le Mariage de sainte Catherine, d'après *le
Corrége.* —1620.

Belle épreuve, d'une bonne conservation.

PIETRO FRANCESCO **MOLA.**

Voyez le Peintre-graveur, tome xix.

284 — La Sainte Vierge. (3).

Belle épreuve.

285 — Le Martyre de saint André, d'après le tableau
du *Dominiquin,* qu'on voit dans l'église de
Saint-André della Valle, à Rome. (5).

Première et fort belle épreuve du premier état. — Rare, suivant
Bartsch.

BATTISTA **DEL MORO.**

Voyez le Peintre-graveur, tome xvi.

286 — La Sainte Vierge, d'après *le Parmesan.* (6).

287 — La Vierge accompagnée de saints, d'après *le
Parmesan.* (7).

288 — Le Bain du petit Jésus. (10).

Belle épreuve.

289 — Sainte-Famille, d'après *Jules Romain.* (11).

Très-belle épreuve du premier état. — Belle conservation.

290 — Romulus et Rémus, d'après *Jules Romain.* (29).

Très-belle épreuve du premier état.

291 — Fuccia, d'après *Ber. Campi*. (30).

Très-belle épreuve.

292 — La Victoire de Constantin, d'après *Raphaël*.
Pièce douteuse, « *gravée à l'eau-forte par
un anonyme très-habile que quelques — uns
croient être Baptiste del Moro, d'autres Paul
ou Horace Farinati.* » Bartsch.

Très-belle épreuve, mal conservée et doublée

PIÈCES INÉDITES.

GRAVÉES PAR BAT. DEL **MORO,**

293 — L'Apparition des Anges à Abraham. — Abraham est prosterné à terre et regarde les
trois anges qui descendent du ciel, à la gauche de la composition. Du côté opposé, et
derrière Abraham, Sara, debout, sort de la
tente de son époux. On lit à droite et en bas
de l'estampe l'inscription suivante : *Tres
vidit, et unum adoravit.*

H. 305 mm. — L. 158 mm.

Belle épreuve du premier état avant les initiales *B. M.* des noms de
l'artiste, que nous avons vues sur une autre épreuve de cette même
planche.

294 — Danaé et le jeune Persée, d'après *Jules Romain.* — Danaé, assise au fond d'une barque,
la tête appuyée sur sa main gauche, va re-
cevoir Persée, qu'un homme à barbe porte
dans ses bras. Ce dernier, placé à la droite
de la composition, a un pied posé sur la
barque. — Sans marque aucune.

L. 245 mm. — H. 177 mm.

Très-belle épreuve signée des initiales des noms de *P. Mariette*, très-
près du bord inférieur de la planche.

295 — **Persée et Andromède.** — Persée, lancé sur un cheval au galop, a traversé de part en part la tête du dragon qui gardait Andromède. Celle-ci est debout, les mains jointes en action de grâce, à la droite de la composition. — Sans aucune lettre ni marque.

Nota. Deux autres sujets de l'histoire de Persée sont décrits dans l'œuvre de *del Moro* sous les n⁰ˢ 17 et 18. Ces deux morceaux, que nous n'avons jamais vus, ont été gravés, suivant *Bartsch*, d'après les dessins du *Primatice*. Quant au premier des deux que nous venons de décrire, il est gravé, sans le moindre doute, d'après un dessin de *Jules Romain*; mais il nous est impossible de nommer l'auteur de la seconde composition, qui, peut-être, est *Baptiste del Moro* lui-même.

L. 252 mm. — H. 158 mm.

Très-belle épreuve, parfaitement conservée.

296 — **Silène monté sur un âne.** — La composition est identiquement la même que celle qui a été gravée par *Bonasone* dans le sens opposé (Voir le n⁰ 27); mais dans l'estampe de *B. del Moro*, le paysage et le ciel ont un peu plus d'étendue que dans l'ouvrage de *Bonasone*, ce qui fait beaucoup mieux pour le groupe principal, dont les têtes touchent au trait carré dans la pièce de ce dernier. — Sans lettre ni marque.

L. 265 mm. — H. 169 mm.

Très-belle épreuve, parfaitement conservée.

297 — Marsyas, d'après *le Parmesan*.—Déjà l'un de ses bras est attaché à l'arbre au pied duquel il est assis, à droite. Apollon, un genou à terre, vient de saisir son autre bras qu'il se dispose à lier aussi. Un homme, placé derrière Apollon, tient le couteau avec lequel il va écorcher Marsyas. — Sans marque aucune. Nous croyons pouvoir désigner *le Parmesan* comme l'auteur du dessin qui a servi pour cette charmante eau-forte.

H. 139 mm. — L. 115 mm.

298 — Paysage traversé par une rivière, d'après *le Titien*.— Sur le premier plan, deux amants étendus au pied d'un arbre, sont observés par un satyre aux aguets par derrière ; à gauche, deux pêcheurs, dans l'eau jusqu'à mi-corps, retirent leurs filets. De belles ruines antiques embellissent le côté droit de ce paysage, qui nous paraît avoir été gravé par *B. del Moro*, d'après *le Titien*. Trois autres paysages, décrits par *Bartsch* sous les n°s 25, 26 et 27, ont été gravés par le même artiste d'après ce grand peintre. — Sans aucune marque.

L. 895 mm. — H. 253 mm.

Très-belle épreuve, parfaitement conservée.

MARCO **DEL MORO.**

Voir le Peintre-graveur, tome XVI.

299 — Le Mariage de sainte Catherine, d'après *le Parmesan*. (2).

300 — Le Jardin de l'Amour. (8).

Très-belle épreuve, d'une bonne conservation.

Mauro ODDI.

Voyez le Peintre-graveur, tome XXI.

301 — L'Adoration des Bergers, d'après *le Parmesan*. — 1664. (1).

Belle épreuve.

Pasquale OTTINI, surnommé PASQUALOTTO.

Voyez le Peintre-graveur, tome XVIII.

302 — La Sépulture. (1). Cette belle pièce est la seule connue de ce maître.

Giacomo PALMA.

Voyez le Peintre-graveur, tome XVI.

303 — Saint Thomas. (22).

Bartolommeo PASSAROTTI.

Voyez le Peintre-graveur, tome XVIII.

> « *De tout temps recherchées, tant par les artistes que par les connaisseurs, les estampes de cet artiste sont devenues très-rares : les collections les plus riches n'en possèdent souvent que deux pièces, tout au plus* » Bartsch.

304 — La Visitation, d'après *Fr. Salviati*. (2).

> « *Cette estampe*, dit Bartsch, *est toujours très-faible d'épreuve, l'eau-forte n'ayant pas assez mordu.* »

Très-belle épreuve, mais doublée.

305 — La Religion. (12).

Collection *Robert Udny*.

Pietro DEL PO.

Voyez le Peintre-graveur, tome XX.

306 — Neptune et Psyché, d'après *Jules Romain*. (31).

Gio. Andréa **PODESTA.**

Voyez le Peintre-graveur, tome xx.

307 — Bacchanale, d'après *le Titien*. (7).
Très-belle épreuve, bien conservée.

Camillo **PROCACCINI.**

Voyez le Peintre-graveur, tome xviii.

308 — Repos en Égypte. (1). « *On admire surtout le
Repos en Égypte, tant par le gracieux dans le
dessin que pour la facilité et la variété du travail de la pointe.* » Bartsch.

Belle épreuve du premier état, bien conservée.—Collection *Denon*.

309 — Repos en Égypte. (3).
Très-belle épreuve.

Marco Antonio **RAIMONDI.**
AUGUSTIN DE VENISE et MARC DE RAVENNE (*).

Voyez le Peintre-graveur, tome xiv.

310 — Adam et Ève, d'après *Raphaël*. (1).

Très-belle épreuve de l'une des plus belles pièces et des plus rares de
l'œuvre de *Marc Antoine*. Elle est doublée, à cause d'une déchirure qui
commence au bord de l'estampe, à droite, et s'arrête au-dessous du
sein gauche de la femme. On voit aussi sur cette épreuve de légères
traces au crayon pour la mise au carreau.

311 — Le Sacrifice d'Abraham, gravé par *Augustin
Vénitien*, d'après *Raphaël*. (5).

(*) Nous avons adopté le classement, de *Bartsch*, qui a réuni les œuvres du
maître et de ses deux principaux élèves dans son 14e volume, et les a classés en
14 sections, dont chacune contient des ouvrages de *Marc Antoine*, d'*Augustin
Vénitien* et de *Marc de Ravenne*. Toutes les estampes de *Marc Antoine*, que renferme notre collection, sont du premier état, avant les noms de *Ant. Salamanca*,
Ant. Lafreri et autres éditeurs.

312 — Isaac bénissant Jacob, gravé par *Augustin Vénitien*, d'après le dessin de *Raphaël* qui a précédé la fresque de l'une des loges du Vatican. (6).

Second état, avec l'année 1524 au lieu de 1522.

Bartsch pense qu'*Augustin* a perfectionné sa planche, en y faisant des corrections, deux ans après le tirage des épreuves du premier état, en sorte que l'estampe y a beaucoup gagné.

313 — Joseph et la femme de Putiphar, gravé par ~~Marc Antoine Augustin de Venise~~, d'après un dessin de *Raphaël*, première pensée de la composition peinte au Vatican, dans l'une des loges. (9).

Belle épreuve.

314 — Le Massacre des Innocents, gravé par *Marc de Ravenne* (selon *Bartsch*) et par *Marc Antoine* lui-même, de l'avis de beaucoup de connaisseurs, d'après un dessin de *Raphaël*.

Très-belle épreuve, en mauvais état de conservation et doublée.

315 — Jésus-Christ mis au tombeau, gravé par *Marc Antoine*, d'après *le Francia*. (30). Cette estampe est excessivement rare : de forme ronde, excepté par en bas, elle a été coupée le long du trait qui entoure la composition.

Très-belle épreuve signée, au verso, *P. Mariette*, 1676.

316 — Saint Paul prêchant à Athènes, gravé par *Marc Antoine*, d'après un dessin de *Raphaël*, première pensée de son célèbre carton. (44).

Très-belle épreuve. Au verso se trouve le nom de *P. Mariette*, suivi de la date 1678.

317 — Saint Michel, gravé par *Augustin de Venise*,
d'après un dessin de *Raphaël*. (105).

Très-belle épreuve.

318 — Sainte Cécile. Cette estampe a été gravée par
Marc Antoine, d'après un dessin de *Raphaël*
qui a précédé l'exécution du tableau qu'on
voit à Bologne. — (116).

Admirable épreuve d'une conservation parfaite. — Collections *Saint-Yves*, *Logette* et baron *Roger*.

319 — Entellus et Darès, gravé par *Marc de Ravenne*,
d'après un dessin de *Raphaël*. (195).

Très-belle épreuve de l'un des meilleurs ouvrages du graveur.

320 — L'Empereur rencontrant le guerrier, gravé
par *Augustin de Venise*. (196). « *Cette es-*
tampe, qui paraît avoir été gravée sur un des-
sin de Raphaël, est une de celles où Augustin
de Venise a le mieux imité la manière de son
maître. » Bartsch.

Admirable épreuve d'une parfaite conservation.—Collection du baron
Denon.

321 — Alexandre faisant serrer les livres d'Homère,
gr. par *Marc Antoine*, d'après *Raphaël*. (207).
« *Cette estampe est une des plus parfaites que*
Marc Antoine ait gravée d'après Raphaël. »
Bartsch.

Belle épreuve.

322 — Le triomphe, gravé par *Marc Antoine*, d'après
le beau dessin du Musée du Louvre, qu'on
attribuait autrefois à *Mantegna*, et qui,
maintenant, est exposé sous le nom de
Francia. (213) — Très-rare.

Très-belle épreuve. — Collections *Denon* et *Debois*.

323 — Deux Faunes portant un enfant, estampe gravée par *Marc Antoine*, d'après un bas-relief
antique. « *On ne peut rien voir de plus parfait, tant pour le dessin que pour la gravure,
que cette belle estampe.* » Bartsch. (213).

Superbe épreuve. — Collection de *Scitivaux*.

324 — L'Amour marin, gravé par *Augustin de Venise*,
d'après un dessin de *Raphaël*. (234).

Belle épreuve. Il y a une petite restauration dans la marge d'en bas.

325 — Psyché et l'Amour, gravé par *Augustin de
Venise*, d'après un dessin de *Raphaël*. (238).
(Voyez les pièces pour la fable de Psyché,
gravées par le Maître au dé.)

Belle épreuve du premier état, mais privée de sa marge d'en bas qui
contient huit vers italiens.

326 — La Marche de Silène. (240). Cette estampe est
gravée d'après un dessin de *Jules Romain :*
elle est comptée par *Bartsch* au nombre des
meilleures qu'ait gravées AUGUSTIN DE VE-
NISE.

Très-belle épreuve.

327 — Le Parnasse, gravé par *Marc Antoine*, d'après
un dessin de *Raphaël*, première pensée de
la célèbre peinture à fresque du Vatican.
(247).

Admirable épreuve d'une conservation irréprochable.—Collections de
Valois et *Revil*, 1838.

328 — Le Satyre et l'enfant, gravé par *Marc Antoine*,
d'après un dessin de *Raphaël*. « *Ce superbe
morceau est très-rare.* » Bartsch. (281).

Très-belle épreuve, signée *P. Mariette*, 1670, au verso.

329. — La Vendange : elle est gravée par *Marc Antoine*, d'après *Raphaël*. *Bartsch* regarde cette pièce comme l'une des plus parfaites de l'œuvre du graveur. (306).

Admirable épreuve sortant des collections *Van Puten* et *Boulle.*

330 — Pan et Syrinx, d'après *Raphaël*. Copie du numéro 325. Cette copie, selon *Bartsch*, est d'une si grande perfection, qu'il la croirait faite par *Marc Antoine* lui-même, s'il pouvait croire que ce grand maître ait jamais pu se répéter.

Très-belle épreuve.

331 — Junon, Gérès et Psyché. (327). Cette estampe a été gravée par *Marc de Ravenne*, d'après un dessin de *Raphaël*, qui a précédé l'exécution de la belle fresque qu'on voit à la Farnesine, à Rome.

Superbe épreuve avec une marge de 17 à 18 millimètres. On sait que les épreuves du premier tirage sont excessivement rares à trouver avec de la marge, parmi les estampes de l'école romaine.

332 — La statue d'Apollon du Belvedère. (328) : elle est gravée par *Augustin de Venise*.

Très-belle épreuve.

333 — La statue d'Apollon à demi vêtu, le bras droit élevé sur sa tête. (333). Elle est gravée par *Marc Antoine* dans sa première manière.

Superbe épreuve. — Collections *Denon* et *Debois.*

334 — Apollon, une lyre à la main, gravé par *Marc Antoine*, d'après un dessin de *Raphaël* pour l'école d'Athènes. (334).

Collections *Denon* et *Debois.*

335 — Les trois Grâces. Cette estampe est gravée par *Marc Antoine*, d'après l'antique. (340).

Bonne épreuve; mais la marge d'en bas, et les deux parties ceintrées dans le haut, de l'estampe sont rapportées.

336 — Hercule et Anthée, d'après un dessin de *Raphaël*. (346). « *Cette estampe, l'un des meilleurs ouvrages de Marc Antoine, a été gravée dans le temps de sa plus grande force.* » Bartsch.

Très-belle épreuve de la collection *Denon;* elle est un peu rognée par en bas.

337 — Le *Quos ego*, ou Neptune apaisant une tempête, gravé par *Marc Antoine*, d'après *Raphaël*. (352). *Bartsch* dit que cette estampe est très-rare, et qu'on la considère comme une des plus considérables de l'œuvre du maître.

Première et très-belle épreuve avant la retouche. Collection *Denon*.

338 — L'Homme aux deux trompettes, gravé par *Marc Antoine*. (356). « *De toutes les estampes que Marc Antoine a gravées en petit, il n'y en a peut-être aucune qui puisse le disputer à celle-ci, et pour la correction du dessin, et pour le travail de la gravure, ainsi que pour le soin avec lequel elle est finie.* » Telles sont les expressions dont *Bartsch* se sert, après avoir décrit ce petit chef-d'œuvre.

Très-belle épreuve des collections *Denon* et *Debois*.

339 — Le Jeune homme au brandon, gravé par *Marc Antoine*, d'après un dessin du *Francia*, selon toute apparence. (360). « *Cette pièce est une des meilleures que Marc Antoine ait gravées dans sa première manière.* » Bartsch.

Épreuve bien faible, mais du premier état de la planche, avant la retouche.

631

340 — Trajan entre la ville de Rome et la Victoire, gravé par *Marc Antoine*, d'après un bas-relief de l'Arc de Constantin. (361). « *Cette estampe est une des plus belles et des plus estimées de Marc Antoine.* » Bartsch.

Admirable épreuve d'une conservation parfaite. —Collection *Denon*.

210

341 — La Force (375). « *Cette estampe est supérieurement gravée par Marc Antoine, d'après un dessin qui, suivant toute apparence, est de Mantegna.* » Bartsch.

Très-belle épreuve.

40

342 — La Tempérance. (376). « *Ce morceau, pendant du précédent, est dessiné et gravé par les mêmes artistes.* » Bartsch.

Très-belle épreuve.

340

343 — L'Homme et la femme aux boules. (377). « *Cette estampe est gravée par Marc Antoine dans sa première manière, et paraît être d'après le Francia.* » Bartsch.

Superbe épreuve de la collection *Denon* : elle serait d'une conservation parfaite sans une petite déchirure dans le bas de la planche, à gauche, près d'une sorte de petit mur qui sert d'appui à la figure d'homme.

245

344 — Jeune femme arrosant une plante. (383). Cette estampe a été gravée par *Marc Antoine*, dans sa première manière, d'après un dessin du *Francia*, vraisemblablement.

Très-belle épreuve. —Collection *Debois*.

51

345 — La Force. (395). Cette estampe a été gravée par *Marc de Ravenne*, d'après un dessin que les uns croient de *Raphaël*, et d'autres, de *Jules Romain*.

Très-belle épreuve. — Collection *Denon*.

346 — Les Deux femmes au zodiaque. (397). Cette
belle estampe a été gravée par *Marc Antoine*,
d'après *Raphaël*.

Très-belle épreuve. — Le bas de l'estampe, déchiré immédiatement
au-dessous des pieds des deux femmes, a été fort habilement restauré.

347 — La Jeune femme entre deux hommes. (399).
Cette pièce a été gravée par *Marc Antoine*,
dans sa première manière, d'après un dessin
du *Francia*, selon toute apparence.

Belle épreuve, malheureusement elle a été séparée en deux morceaux
vers le milieu. Pour réunir ces deux morceaux, on les a doublés : il
reste à faire une restauration à la hauteur de la hanche du vieillard.

348 — La Peste, d'après un dessin de *Raphaël*. (417).

Belle épreuve d'une superbe estampe gravée par *Marc Antoine;* elle
est extrêmement rare.

349 — La Jeune mère s'entretenant avec deux hommes. (432). *Marc Antoine* a gravé cette estampe d'après un dessin du *Francia*.

Belle épreuve. — Collections *Ed. Durand*, *Robert Dumesnil* et *Debois*·

350 — La Femme qui s'arrache les cheveux. (437).
Cette estampe est gravée par *Marc Antoine*·

Très-belle épreuve d'une pièce de la plus grande rareté.

351 — L'Homme endormi à l'entrée d'un bois, gravé
par *Marc Antoine*, d'après un dessin qu'on
présume être du *Francia*. (438).

Belle épreuve. — Collections *Denon* et *Debois*.

352 — La Femme en méditation. Seconde répétition.
(445).

Belle épreuve. — Collection *Robert Dumesnil*.

40

353 — Le Paysan et la femme aux œufs. (453). « *Cette estampe rare est une des meilleures pièces gravées par Augustin Vénitien, d'après Raphaël.* » Bartsch.

Belle épreuve. — Collection *Peter Lely.*

40

354 — Statue équestre de Marc-Aurèle, gravée par *Marc de Ravenne,* d'après le bronze antique qui est maintenant sur la place du Capitole, à Rome. (515).

Belle épreuve.

3o

355 — L'Arc triomphal de Constantin, à Rome, gravé par *Augustin de Venise.* (537).

Très-belle épreuve d'une conservation parfaite.

17

356 — Vase à deux anses, gravé par *Augustin Vénitien,* d'après l'antique. (543).

Très-belle épreuve du premier état dont Bartsch ne parle pas, avant la tablette et le chiffre.— 1530.

Autre vase à deux anses, gravé par *Augustin Vénitien,* d'après un antique.—1530. (544).

Épreuve avant l'adresse de Ant. Salamanca.
Deux estampes.

GIUSEPPE **RIBERA**, DIT **L'ESPAGNOLET.**

Voyez le Peintre-graveur, tome xx.

21

357 — Le Corps mort de Jésus-Christ. (1).

Très-belle épreuve.

9.50

358 — S. Jérôme lisant. (3).

Très-belle épreuve du premier état.

21

359 — S. Jérôme. (4).

Très-belle épreuve du premier état, avant que les travaux n'aient été repris dans les ombres, et avant les initiales de *Fr. de Van den Wyngaerde,* dans la marge d'en bas.

360 — S. Jérôme. (5).

Très-belle épreuve tirée avant que les coulures d'eau-forte n'aient été effacées.

361 — Le Martyre de S. Barthélemy. (6). « *Ce morceau est un chef-d'œuvre de l'art : il est impossible de pousser, à un plus haut degré de vérité, l'expression dans la tête du saint, et dans celle du bourreau qui l'écorche.* » Bartsch.

Très-belle épreuve du premier état, avant que les travaux n'aient été repris au burin dans les ombres, notamment entre les jambes du saint. — Collection *Robert Dumesnil*.

362 — S. Pierre. (7).

Très-belle épreuve du premier état, avant l'inscription . *F. V. Wyn,* dans la marge du bas, et avant les angles du cuivre arrondis.

Nota. — Les remarques concernant les numéros 4, 5, 6 et 7 de l'œuvre de *Ribera* ont été faites par M. *Guichardot*, et sont prises dans le catalogue de la collection *Van den Zande*.

363 — Le Poëte. (10).

Superbe épreuve.

364 — Le Centaure et le Triton. (11).

La marge est rapportée.

365 — Silène. 1628. (13).

Très-belle épreuve du second état, avec la dédicace, mais avant l'adresse de *J.-J. Rossi*, qu'on trouve sur les épreuves du troisième état.

Salvator **ROSA.**

Voyez le Peintre-graveur, tome xx.

366 — Combat de Tritons. (13).

    Pan et deux Faunes. (14).

    Cinq fleuves. (15).

    Cinq autres fleuves. (16).

Quatre estampes.

— 71 —

Sisto ROSA, dit BADALOCCHIO.

Voyez le Peintre-graveur, tome xviii.

367 — Laocoon, d'après le groupe antique qui est à Rome. — 1606. (33).

Belle épreuve, très-bien conservée.

Girolámo ROSSI, dit LE VIEUX.

Voyez le Peintre-graveur, tome xix.

368 — Les Deux enfants, d'après le Guerchin. (4).

Très-belle épreuve signée, au verso, P. Mariette, 1666.

Martin ROTA.

Voyez le Peintre-graveur, tome xvi.

369 — Le Martyre de S. Pierre Dominicain, d'après le célèbre tableau du *Titien* qu'on voit à Venise dans l'église de S. Jean et S. Paul.

Très-belle épreuve du premier état.

Pietro Conte ROTARI.

Voyez le *Dictionnaire des graveurs*, par *Basan*.

370 — S. Louis, évêque de Toulouse, d'après la peinture exécutée par l'auteur de la gravure.

Très-belle épreuve, parfaitement conservée.

Deux bustes d'hommes, l'un à grande barbe et capuchon sur la tête ; l'autre plus jeune, la tête découverte, d'après *Paul Veronèse*.

Deux estampes.

Ventura SALIMBENI, dit BEVILACQUA.

Voyez le Peintre-graveur, tome xvii.

371 — Sainte Agnès. — 1590. (7).

Très-belle épreuve.

DOMENICO SANTI DIT LE MENGAZZINO.

Voyez le Peintre-graveur, tome XIX.

372 — Portrait d'*Augustin Carrache*, d'après *D. M. Canuti*. (4).

Belle épreuve.

ANDREA SCHIAVONE.

Voyez le Peintre-graveur, tome XVI.

373 — Buste de femme. (13).

Le Jugement de Paris. (16).

La Sibylle de Cumes. (25).

Un Homme nu couché par terre. (26).

Guerrier combattant une Amazone. (23).

Trois femmes debout, etc. (30).

Épreuves du premier état et d'une conservation parfaite.

Six estampes.

BARTOLOMMEO SCHEDONE OU SCHIDONE.

Voyez le Peintre-graveur, tome XVIII.

374 — Sainte Famille. Pièce unique du maître. (4).

Belle épreuve du premier état, avant l'adresse de *Rossi*. *Bartsch* ne parle pas des épreuves avec cette adresse ou du second état, qu'il n'a sans doute pas connues.

GIOV. ANDREA SIRANI.

Voyez le Peintre-graveur, tome XIX.

375 — Lucrèce. (1).

Belle épreuve.

ELISABETTA SIRANI.

Voyez le Peintre-graveur, tome XIX.

376 — Sainte Famille. (3).

377 — Repos en Égypte. (4).

378 — Sainte Famille. (8).

Ces trois pièces, gravées par *El. Sirani*, d'après les compositions de son père, sont fort belles d'épreuve, particulièrement la dernière, quoiqu'elle soit du second état.

VESPASIANO **STRADA.**

Voyez le Peintre-graveur, tome XVII.

379 — La sainte Vierge. (6).

Belle épreuve.

380 — La sainte Vierge. (8).

381 — Le Mariage de sainte Catherine. (16). Cette pièce, dit *Bartsch*, est une des plus belles de l'œuvre de *Strada*.

ANTONIO **TEMPESTA.**

Voyez le Peintre-graveur, tome XVII.

382 — Chasse au sanglier, l'une des sept estampes de la suite, nᵒˢ 1133 à 1139.

Très-belle épreuve.

PIETRO **TESTA.**

Voyez le Peintre-graveur, tome XX.

383 — Les Sept sages de la Grèce.—1648. (18).

384 — Achille plongé dans les eaux du Styx. (21).

385 — Achille traînant le corps d'Hector. (22).

Belles épreuves avant les adresses, et d'une conservation remarquable.

DOMENICO **TIBALDI.**

Voyez le Peintre-graveur, tome XVIII.

386 — La Vierge à la rose, d'après *le Parmesan*. (3).

Belle épreuve.

387 — La Paix. (6).

Très-belle épreuve du premier état, avant la retouche qui a prodigieusement gâté cette belle pièce. Il y a sur cette épreuve deux petites restaurations, dans les deux angles inférieurs de la planche. La marque placée à droite, en bas, n'a aucun rapport avec le monogramme de l'artiste.

Gio. Battista **TIEPOLO.**

Voyez le *Dictionnaire des graveurs*, par *Basan*.

388 — L'Adoration des Rois.

Très-belle épreuve d'un morceau que *Basan* regarde comme le chef-d'œuvre du maître.

TIZIANO VECELLI (attribué a).

Voyez le Peintre-graveur, tome

389 — Les Trois flûteurs. Bartsch réfute l'opinion de ceux qui prétendent que le grand peintre vénitien est l'auteur de cette eau-forte et de quelques autres qu'il a cru devoir cataloguer : il pense que ce morceau est dû à un artiste hollandais, et que les initiales *A. P.*, qu'on voit au-dessus de la tête de l'un des flûteurs, sont celles de ses noms.

Gio. Luigi **VALESIO.**

Voyez le Peintre-graveur, tome xviii.

390 — Vénus châtiant l'Amour. (5).

Belle épreuve.

391 — Vénus menaçant l'Amour. (6).

Belle épreuve du premier état.

Francesco **VANNI.**

Voyez le Peintre-graveur, tome xvii.

392 — Sainte Catherine de Sienne. (2).

Très-belle épreuve. Le nom de *P. Mariette*, si respectable à nos yeux, déplaisait fort, apparemment, à l'un de ceux qui a possédé cette eau-forte avant nous, car il l'a impitoyablement biffé, sur le verso où il est écrit.

ÆNEAS **VICO.**

Voyez le Peintre-graveur, tome xv.

393 — La Vierge assise sur les nues, copie d'une estampe de *Marc Antoine*, d'après *Raphaël.* — 1542. (7).

Très-belle épreuve du premier état.

394 — Joseph d'Arimathie soutenant le corps de Jésus-Christ à l'entrée du sépulcre, d'après *Raphaël.* — 1543. (7).

Superbe épreuve du premier état.

395 — Le Combat des Amazones, d'après le dessin de *Perino del Vaga*, qui est au Musée du Louvre. — 1543. (14).

Très-belle épreuve signée des initiales des noms de *P. Mariette*, au verso.

396 — Jupiter et Léda, d'après *Michel-Ange.* — 1542. (25).

Très-belle épreuve d'un *premier état inédit*, avant l'adresse d'*Ant. Salamanca.*

397 — La Dispute des Muses et des Piérides, d'après un dessin du *Rosso*, qui a dû précéder l'exécution du tableau placé dans la galerie du Louvre : ce tableau, catalogué autrefois sous le nom de *Perino del Vaga*, porte, depuis quelques années seulement, celui du *Rosso.* — 1553. (28). — « *Cette planche a été gravée par J. Caraglio, et dans la suite rétablie par Æ. Vico qui, cependant, ne semble avoir conservé de cette planche primitive que les contours, de façon qu'on peut la regarder*

comme son propre ouvrage : aussi, on la compte parmi les pièces les mieux gravées et les plus rares de l'œuvre de Vico. » Bartsch.

Très-belle épreuve tirée avant l'adresse d'*Ant. Lafreri :* collection *Ed. Durand.*

398 — Combat des Lapithes et des Centaures, d'après *le Rosso.* — 1542. (30).

Belle épreuve.

399 — Vénus à sa toilette. Copie, en contre-partie, du n° 19 de l'œuvre de *Vico.* — Collection *Debois.*

400 — L'Atelier de Bandinelli, d'après un dessin de cet habile sculpteur et dessinateur. (49). *Très-belle épreuve, avec l'adresse de P. P. Palumbus. Bartsch,* dans la description des deux états de cette planche, a commis une erreur évidemment, en disant que l'inscription : *Ænea Vigo Parmegiano sculpsit* a été ajoutée dans le livre ouvert, à côté des mots : *Baccius Bandinellus invent.*, sur les épreuves du second état qui portent, dit-il, l'inscription : *Gaspar Albertus successor Palumbi :* notre épreuve, sur laquelle on lit l'adresse de *Palombus, prédécesseur de G. Albertus,* ainsi que l'inscription : *Ænea Vigo,* etc., en est la preuve. Il est probable que l'épreuve de cette collection-ci est d'un état intermédiaire entre le premier et le second, tels, du moins, que Bartsch les décrit : la comparaison des épreuves que nous n'avons pas pu nous procurer, serait

nécessaire pour déterminer leur ordre numérique.

401 — Laura del Petrarca. (237).

Belle épreuve.

402 — Le cardinal Bembo. (242).

Très-belle épreuve du second état.

403 — La Fortune promettant à un jeune homme de
le rendre heureux, d'après le dessin d'un
maître de l'école de *Raphaël.* Ce morceau,
suivant *Bartsch,* est attribué faussement à
Æ. Vico.

Très-belle épreuve.

Vicenzo **VICTORIA.**

404 — La Vierge de Foligno, d'après le tableau de
Raphaël qui est au Vatican.

Très-belle épreuve.

ÉCOLE ALLEMANDE

Henri **ALDEGREVER.**

Voyez le Peintre-graveur, tome viii.

35 405 — Le Mauvais Riche à table. (44).
Très-belle épreuve.

Albert **ALTDORFER.**

Voyez le Peintre-graveur, tome viii.

10 406 — Le Jugement de Pâris. (36).
Très-belle épreuve.

Barthélemy **BEHAM.**

Voyez le Peintre-graveur, tome viii.

39 407 — Portrait de l'empereur Charles V. — 1531.
(60).
Très-belle épreuve, doublée.

Hans Sebald **BEHAM.**

Voyez le Peintre-graveur, tome viii.

30 408 — Le Satyre sonnant du cor. (111).
Léda. — 1548. (112).

Très-belles épreuves.
Deux estampes sur la même feuille.

17 409 — La Mélancolie. — 1539. (144).
Paysan et paysanne assis vis-à-vis l'un de
l'autre.

Très-belles épreuves.
Deux estampes sur la même feuille.

25 410 — La Mort s'emparant d'une Femme nue et debout. — 1546. (150).

Superbe épreuve.

31 411 — La Femme couchée vue par le dos. (215).

Très-belle épreuve.

Chr. Guil. Ern. **DIETRICH.**

8 412 — Concert de Villageois. — 1756.

Très-belle épreuve du premier état, avant le numéro.

10 413 — Les Musiciens ambulants.

Belle épreuve, avant le numéro.

4. 414 — L'Hermitage. — 1744.

Très-belle épreuve tirée avant d'être entièrement terminée, et avant le numéro.

Albert **DURER.**

Voyez le Peintre-graveur, tome vii.

7 60 415 — Adam et Eve. — 1504. (1).

Admirable épreuve d'une conservation parfaite.—Collection *Borduge*.

121 416 — La Face de Jésus-Christ. — 1513. (25).

Très-belle épreuve, avec une jolie marge, — Elle est signée, au verso, *P. Mariette, 1668*.

20 417 — La Sorcière allant au Sabat. (67).

Très-belle épreuve.

10 418 — Apollon et Diane. (68).

Epreuve d'une grande finesse, signée *P. Mariette, 1691*, au verso.

100 419 — La Famille du Satyre. — 1505. (69).

Charmante épreuve.

18 420 — L'effet de la Jalousie. (73).

Très-belle épreuve, portant les initiales de M. *Debois*.

95 421 — L'Oisiveté. (76).

Superbe épreuve. — Collection *Revil*, 1838.

117 422 — Le Petit-Courrier. (80).

La Dame à cheval. (82).

Fort belles épreuves. — Collection *Robert Dumesnil.*
Deux estampes sur la même feuille.

162 423 — Le Paysan et sa femme. (83).

L'Hôtesse et le Cuisinier. (84).

Très-belles épreuves. — Collection *Robert Dumesnil.*
Deux estampes sur la même feuille.

150 424 — L'Oriental et sa femme. (85).

Les Trois paysans. (86).

Très-belles épreuves. — Collection *Robert Dumesnil.*

102 425 — L'Assemblée des gens de guerre. (88).

Très-belle épreuve.

119 426 — Les Offres d'amour. (93).

Superbe épreuve.

N. B. — *Les quinze pièces précédentes, gravées par Albert Durer,
sont d'une conservation parfaite; nous n'avons pas voulu le répéter pour
chaque morceau.*

Wenceslas HOLLAR.

51 427 — La Cathédrale de Strasbourg. — 1645.

Superbe épreuve sur papier à la folie, et d'une conservation parfaite.
— Très-rare.

16 428 — Deux Marines. — 1665.

Très-belles épreuves d'une conservation parfaite, avec de jolies marges; l'une des deux porte l'adresse de *Peter Stent.*

14 429 — Daniel Barbaro, d'après le Titien. — 1650.

Très-belle épreuve avec l'adresse de *Fr. Van den Wyngaerde.*

430 — Étienne de La Belle, d'après *Stocade*.

Très-belle épreuve avec l'adresse de *J. Meyssens* : belles marges.

431 — Albert Durer, d'après la peinture de ce grand maître. — 1645.

Superbe épreuve d'une conservation parfaite.

432 — Adam Elsheimer, d'après la peinture de *J. Meyssens*.

Fort belle épreuve avec l'adresse de *J. Meyssens*.

433 — Hans Holbein, d'après le portrait peint par lui-même.

Première et très-belle épreuve avec l'inscription en latin. Il y a une petite restauration dans l'angle inférieur de la planche, à côté du nom du peintre.

434 — Martin Luther.

Charmante épreuve, d'une grande finesse, avec l'adresse de *J. Meyssens*.

435 — Jeanne Seymour, d'après *Holbein*. —1648.

Très-belle épreuve.

436 — Arundel (le comte d'). — 1646.

Très-belle épreuve avec l'adresse de *J. Meyssens*.

437 — Le même personnage dans une forme ovale. — 1639.

Fort belle épreuve. — Jolie marge.

438 — Arundel (la comtesse d'). — 1646.

Très-belle épreuve, avec l'adresse de *J. Meyssens*.

439 — Charles II, roi d'Angleterre. — 1649.

Superbe épreuve, avec l'adresse de *J. Meyssens*.

440 — Charles-Louis, comte Palatin. — 1646.

Épreuve tirée après la suppression de l'adresse de *J. Meyssens.*

441 — Harvey (Élisabeth). — 1646.

Belle épreuve avec l'adrese de *H. Van der Borcht.*

442 — Lenox (Élis. Villiers, duchesse de).

Belle épreuve, avec l'adresse de *J. Meyssens.*

443 — Malder (Jean), évêque d'Anvers. — 1645.

Superbe épreuve, avec l'adresse de *J. Meyssens.* — Une tache dans le bras gauche.

444 — Portland (Jérôme Weston, comte de).—1645.

Très-belle épreuve, avec l'adresse de *J. Meyssens.*

445 — Portland (Marie Stuart, comtesse de).—1650.

Très-belle épreuve, avec l'adresse de *J. Meyssens.*

446 — Strafford (Thomas Wentworth, comte de). — 1640.

Très-belle épreuve avec le mot *Councell* à la fin des sept lignes de titre, et avant le mot *Londini*, après l'année 1640.

447 — Wael (Lucas et Corneille de). — 1646.

Superbe épreuve de l'édition de *J. Meyssens.*

N. B. — Tous les portraits qui précèdent sont d'une conservation remarquable.

Jérôme **HOPFER.**

Voyez le Peintre-Graveur, tome VIII.

448 — Portrait d'un ecclésiastique, à mi-corps. (66).

Fort belle épreuve.

Lucas **KILIAN.**

449 — Portrait d'Albert Durer, d'après sa peinture.

Superbe épreuve, d'une conservation parfaite.

Charles Guillaume **KOLBE**.

450 — Intérieur de forêt, paysage en travers. On remarque, au milieu, un grand chêne renversé sur lequel pose une échelle. — La signature de l'artiste est au-dessous du trait carré.

LE MAITRE AU MONOGRAMME **I. B.**

Voyez le Peintre-Graveur, tome vIII.

451 — Pièce emblématique. — 1529. (30).

Très-belle épreuve.

LE MAITRE AU NOM DE JÉSUS-CHRIST.

PIÈCE INÉDITE.

452 — Hercule combattant les Centaures. — Hercule, au milieu de la composition, la tête couverte de la dépouille du lion, et la massue à la main, vient d'attaquer un Centaure qui lui fait face, pendant qu'un second Centaure, placé derrière lui, s'apprête à lui porter un coup. Deux autres Centaures sont étendus par terre à droite. La marque du graveur est placée à gauche, dans l'angle inférieur de la planche.

Larg. 225 mm. — Haut. 179 mm.

Très-belle épreuve, parfaitement conservée, d'un morceau fort remarquable.

Corneille **MATSYS.**

PIÈCE INÉDITE.

453 — L'empereur Charles V. — 1545. — Charles V, vu de profil, regarde à droite. Ses mains,

dont la gauche tient un gant, reposent sur un coussin. A droite, dans le haut de l'es-tampe, sont les armes de la maison d'Au-triche : le monogramme du graveur est placé du côté opposé. On lit sur un cartouche, au bas de l'estampe : *Carolus. V. Ro. Imp. semp. aug.* anno 1545.

Haut. 93 mm., y compris le cartouche. — Larg. 69 mm.

Belle épreuve d'une pièce qui doit être de la plus grande rareté ; elle est signée *P. Mariette*, 1660, au verso.

George **PENCZ**.

Voyez le Peintre-Graveur, tome VIII.

454 — Tobie aveugle. (15).

Épreuve d'une grande beauté.

455 — Le Jugement de Salomon. (23).
Judith portant la tête d'Holopherne, d'après *Michel-Ange.* (25).

Deux pièces. — Fort belles épreuves.

456 — Thomiris. (70).

Très-belle épreuve.

457 — Médée. — 1519. (71).

Superbe épreuve.

458 — La Mort de Lucrèce. (79).

Très-belle épreuve.

459 — Horatius Coclès. (80).

Superbe épreuve.

460 — La Courtisane punie. (88).

Très-belle épreuve.

461 — Thétis et Chiron. — 1543. (90).

Fort belle épreuve, avec de jolies marges.

George Frédéric **SCHMIDT**.

Les numéros qui suivent chaque pièce sont ceux qu'on trouve dans l
Catalogue du cabinet *Rigal*.

462 — La Juive fiancée, d'après *Rembrandt*. —1769.
(128).

Très-belle épreuve.

463 — Vieille décrépite, dite la *Mère de Rembrandt*,
d'après ce grand maître. —1762. (145).

Superbe épreuve.

464 — La princesse d'Orange, d'après *Rembrandt*. —
1767. (147).

Superbe épreuve de l'un des chefs-d'œuvre du maître ; elle a de très-grandes marges, et sa conservation est parfaite.

465 — Jeune homme vu à mi-corps, et portant un
hausse-col, d'après le tableau de *Rembrandt* qu'on voit à Florence dans le palais
Pitti. — 1771. (150).

Très-belle épreuve avec une jolie marge.

466 — Vieille vue à mi-corps, et assise, des lunettes à
la main, d'après *Rembrandt*.— 1774. (153).

Superbe épreuve, avec une jolie marge, parfaitement conservée.

467 — Les Bons Amis, d'après *Adrien Van Ostade*. —
1757. (160).

Très-belle épreuve avec une jolie marge.

468 — La Résurrection de la fille de Jaïre, d'après
Rembrandt. — 1767. (165).

Fort belle épreuve avec de jolies marges.

469 — Mlle Clairon, d'après *Cochin fils*. 1757. (140).

Belle épreuve avec de grandes marges.

470 — La Mettrie, d'après le dessin du graveur. (76).

Belle épreuve avec grandes marges.

471 — J. Parrocel, d'après *Rigaud*. (15).

Épreuve avant toutes lettres.

Le même personnage.

Épreuve avec l'adresse d'*Odieuvre*.
Deux estampes.

472 — L'abbé Prévost, d'après le dessin du graveur.
— 1745. (61).

Très-belle épreuve, jolie marge.

473 — Jean-Baptiste Rousseau, d'après *Aved*. (44).

Fort belle épreuve avec une grande marge.

474 — Mme de Sévigné, d'après *Ferdinand*. (28).

Bonne épreuve avec l'adresse d'Odieuvre.

Martin **SCHONGAUER.**

Voyez le Peintre-Graveur, tome vi.

475 — L'Une des cinq vierges folles. (86).

Très-belle épreuve.

Virgile **SOLIS.**

Voyez le Peintre-Graveur, tome viii.

476 — Salle de bain, estampe connue sous le nom de
la *Société des Anabaptistes*, d'après *Aldegrever*. (265). — « *Cette pièce est la plus considérable de l'œuvre de V. Solis ; elle est très-
bien gravée, et a été souvent prise pour une
pièce gravée par Aldegrever lui-même.*» Bartsch.

MORCEAU INÉDIT.

477 — Jupiter et Calisto, d'après *le Primatice*.— A la
gauche de la composition, l'Amour tient
son arc tendu, et dirige une flèche sur Calisto. Cette nymphe est assise auprès de
Jupiter métamorphosé en femme, et son

regard exprime l'étonnément que lui cause sa situation. On aperçoit l'aigle derrière l'Amour, et deux petits amours derrière Calisto. — Le monogramme du graveur est placé sur un quartier de roche, immédiatement au-dessous de la Nymphe.

Larg. 280 mm. — Haut. 175 mm.

Superbe épreuve d'une conservation parfaite.

Thierry VAN STAR.

Voyez le Peintre-Graveur, tome VIII.

478 — Saint Bernard. — 1524. (8).

Très-belle épreuve. — Collection *Revil* ; 1838.

ÉCOLES

FLAMANDE & HOLLANDAISE

Pierre de **BAILLU**.

479 — Le Combat du vice et de la vertu, d'après
P. Van Lint.

Très-belle épreuve avec l'adresse de *P. Van Lint.*

Voyez plus bas, au nom de Van Dyck, *les portraits
gravés par* P. de Baillu, *d'après ce peintre.*

Ludolf **BAKHUISEN**.

Voyez le Peintre-Graveur, tome IV.

480 — Vue de mer, où une déesse, sur un char, tient
un écusson aux armes de la ville d'Amsterdam. (1).

Très-belle épreuve bien conservée avec le témoin du cuivre, tout
comme les deux suivantes qui sont imprimées sur le même papier et
sont de la même beauté que le numéro 1 de la suite.

481 — Vaisseaux en mer : au pavillon du plus grand
des bâtiments L. B. (3).

482 — Marine dont le lointain est orné de la vue
d'Amsterdam. (5).

483 — Barque en carène, à une petite nasse.—1701.
(7).

Très-belle épreuve dont le témoin du cuivre ne se voit pas, comme
dans les pièces qui précèdent.

Henri **BARY**.

484 — Jeune homme faisant une espièglerie à une jeune fille, d'après un dessin de *Fr. Mieris*, qui faisait partie de la collection *Revil*, et qui est aujourd'hui dans le cabinet de *M. A. Thibaudeau.*—1670.

Très-belle épreuve.

Nicolas **BERGHEM**.

Voyez le Peintre-Graveur, tome v.

485 — Les Trois Vaches en repos. (3).

Superbe épreuve, avant la lettre, d'une conservation parfaite. — Coll. *Revil*, 1830.

486 — Le Joueur de Cornemuse. (4).

Très-belle épreuve d'un chef-d'œuvre connu sous le nom de *Diamant de Berghem;* elle porte le nom de ce maître : conservation parfaite.

487 — Le Berger assis sur la fontaine. — 1652. (8).

Très-belle épreuve avec l'adresse de *Fr. de Widt.*

488 — Le Troupeau traversant le ruisseau. (9).

Superbe épreuve du second état, qu'on a voulu faire passer pour une épreuve du premier état, en grattant le numéro; parfaitement conservée.

489 — Le Troupeau en repos. (10).

Superbe épreuve du second état; très-bien conservée.

490 — Halte près du Cabaret. (11).

Superbe épreuve du second état, avec une jolie marge; conservation parfaite.

Corneille **BLOEMART**.

Voyez le Catalogue des ouvrages gravés d'après *Rubens*, rédigé par *Basan.*

491 — Méléagre et Atalante (nᵒ 21 des sujets de la
fable).

Superbe épreuve signée *P. Mariette, 1652*, et *J.-G. Wille, 1771*, au
verso.

ABRAHAM **BLOTELINGH.**

492 — Gover Flinck, d'après *Zyll*.

Très-belle épreuve. — Collection de *J. Reynolds*, dont la marque se
trouve au verso.

493 — L'Amiral Ruyter.

Superbe épreuve parfaitement conservée, avec une jolie marge.

494 — François Mieris, d'après sa peinture.

Très-belle épreuve. — Coll. *Van den Zande*.

495 — Une jeune dame debout, vue à mi-corps, d'a-
près le *Titien*.

Très-belle épreuve.

Voyez, au numéro 673, un portrait gravé par
Blotelingh, d'après *Van Dyck*.

PIERRE **BOEL.**

Voyez le Peintre-Graveur, tome IV.

496 — La Chasse au Sanglier. (7).

Belle épreuve.

FERDINAND **BOL.**

497 — Saint Jérôme dans une caverne. (3).

Superbe épreuve avec les coins du haut de la planche couverts de
taches d'eau-forte. — Rare de cette beauté. — Coll. *Van den Zande*.

498 — La même estampe.

Épreuve d'un *état inédit* et fort remarquable. A la place où se trouve
le nom *F. Bol*, sur l'épreuve du numéro précédent, on lit sur celle-ci :
Rembrandt, gravé à la pointe. On remarquera encore d'autres diffé-

rences dans les travaux de ces deux épreuves, particulièrement à l'épaule gauche du saint, sur son front, et dans ses rares cheveux.

Très-belle épreuve, peut-être *unique*, à laquelle il nous paraît difficile d'assigner exactement une place dans l'ordre numérique des états.

499 — L'Homme à la toque. — 1642. (13).

Belle épreuve.

Schelte a **BOLSWERT**.

Voyez, pour les sept pièces qui suivent, le Catalogue des estampes gravées d'après *Rubens*, rédigé par *Basan*.

500 — Le Serpent d'airain (n° 16 des sujets de l'Ancien-Testament).

Superbe épreuve du second état, avant que le cintre, qui sépare les armes de l'estampe, n'ait été raccordé au burin, etc. — Coll. *Debois*.

501 — Les Quatre Évangélistes (n° 128 des sujets du Nouveau-Testament).

Superbe épreuve de l'édition de *N. Lauwers*.

502 — Les Pères de l'Église, et sainte Claire au milieu d'eux portant le Saint-Sacrement (n° 4 des allégories sacrées).

Superbe épreuve avec l'adresse de *N. Lauwers*.

503 — Sainte Famille où l'enfant Jésus et saint Jean caressent un agneau (n° 44 des sujets de vierge).

Très-belle épreuve de l'édition de *M. Van den Enden*.

504 — Sainte Famille où l'enfant Jésus tient un oiseau (n° 58 des sujets de vierge).

Superbe épreuve du premier état, avant l'adresse de *G. Hendricx*, dans la marge du bas, à droite.

505 — Retour de Chasse (n° 26 des sujets de la fable).

Belle épreuve avec l'adresse de *G. Hendricx*.

506 — Chasse aux Lions (n° 1 des suites de chasses).

507 — La Sainte Famille aux Anges, d'après *Van Dyck*.

Très-belle épreuve avec l'adresse de *G. Hendricx*.

508 — Le Couronnement d'épines, d'après *Van Dyck.*

Magnifique épreuve, avant les contretailles au vêtement et à la jambe gauche du second soldat qui est debout : elle est d'une conservation et d'une fraîcheur parfaites, avec une marge de 20 millimètres tout autour.

509 — La Marche de Silène, d'après *A. Van Dyck.*

Très-belle épreuve du premier état, avant que l'adresse de *Nic. Lauwers* n'ait été remplacée par celle de *C. Galle.*

510 — Pan joue de la flûte en gardant son troupeau, d'après *J. Jordaens.*

Très-belle épreuve du second état, avant la suppression de l'adresse de *Bloteling.*

Voyez, aux n°ˢ 560 à 564, 627 et 628, les portraits gravés par *S. Bolswert* d'après *Van Dyck.*

Boèce a **BOLSWERT**.

Voyez le Catalogue des estampes gravées d'après *Rubens*, rédigé par *Basan.*

511 — Le Jugement de Salomon (n° 24 des sujets de l'Ancien-Testament).

Superbe épreuve avec l'adresse du graveur.

512 — La Résurrection de Lazare. (N° 61 des sujets du Nouveau-Testament).

Admirable épreuve d'une fraîcheur et d'une conservation parfaites : elle est avec l'adresse du graveur.

Jean **BOTH**, dit Both d'Italie.

Voyez le Peintre-graveur, tome v.

513 — La Femme montée sur le mulet. (1).

Le Chariot attelé de bœufs. (2).

Le Grand arbre. (3).

Les Deux mulets chargés de barriques. (4).

Suite complète des quatre pièces en hauteur. Rares et très-belles épreuves du second état, avec l'adresse de *Matham*.

514 — Le Pont de pierre. (5).

Le Muletier. (6).

Le Trajet. (7).

Les Deux vaches au bord de l'eau. (8).

Les Pêcheurs. (9).

Le Pont de bois. (10.

Suite complète des six pièces en largeur. — Très-rares et superbes épreuves avant le nom du maître ; elles sont d'une fraîcheur et d'une conservation remarquables.

Pierre BOUT.

Voyez le Peintre-Graveur, tome iv.

515 — Le Traîneau. (3).

Très-belle épreuve. — Collection *Debois*.

Jean Théodore de BRY.

Voyez le Manuel de l'Amateur d'estampes.

516 — La Fontaine de Jouvence, d'après *H. S. Beham*. (20).

Très-belle épreuve.

517 — Le Triomphe de Bacchus, d'après *Jules Romain*. (16).

Très-belle épreuve.

Pierre CLOUWET.

Voyez le *Catalogue des estampes gravées d'après Rubens*, rédigé par *Basan*.

518 — La Descente de croix. (N° 97 des sujets du
Nouveau-Testament).

Superbe épreuve avec l'adresse de *J. Meyssens.*
Voyez, au n° 675, un portrait gravé par *Clouwet*, d'après *Van Dyck.*

Corneille CORT.

519 — Le Repos en Égypte, d'après *Le Baroche.* —
1575.

Très-belle épreuve signée au verso *P. Mariette*, 1648.

520 — La Sainte Famille. (Un chat veut attraper un
oiseau que tient le petit saint Jean), d'après
le Baroche. — 1577.

Très-belle épreuve avec quelques petites restaurations.

Corneille Van DALEN, le jeune.

Pour la première estampe, voyez le *Catalogue des estampes gravées
d'après Rubens*, par *Basan.*

521 — La Nature embellie par les Grâces.

Très-belle épreuve : elle est doublée parce que cette estampe est en
deux feuilles ; peut-être aussi à cause d'une restauration au milieu , à
l'extrême droite de la planche.

522 — La Sainte Vierge donnant le sein à l'enfant
Jésus, d'après *Gover Flinck.*

523 — Pierre Arétin.
Jean Boccace.
Le Giorgion.
Sébastien del Piombo.

Rares et belles épreuves du premier état, avant la lettre, de quatre
portraits gravés d'après *le Titien.* L'épreuve du portrait de Boccace est
un peu rognée en haut ; elle a seulement 50 millimètres au-dessus des
cheveux.

Dancker DANCKERTS.

524 — Le Matin, d'après *Berghem.*

Superbe épreuve du premier état, avec l'adresse du graveur. (Les secondes épreuves sont avec l'adresse de *Fr. de Widt; Clément de Jonghe* est l'éditeur des épreuves du troisième état, et Nic. Visscher enfin a mis son nom sur les épreuves du quatrième état.)

Jean Louis **DEMARNE.**

525 — La Vache à l'abreuvoir.

Karel **DUJARDIN.**

Voyez le Peintre-graveur, tome Ier.

526 — Les Mulets. (2).

Superbe épreuve d'un premier état *inédit,* avant qu'on ait fait disparaître de légers travaux à la pointe sèche qui entourent et traversent le plus élevé des deux plumets placés au-dessus du premier mulet.

527 — Les Trois cochons couchés devant l'étable. (8).

Superbe épreuve du premier état, avant le numéro.

528 — Le Mulet aux clochettes. — 1653. (29).

Superbe épreuve du premier état. — Coll. *Revil,* 1830.

529 — L'Ane entre deux moutons. — 1653. (32).

Très-belle et très-rare épreuve tirée avant que le ciel ait été raccordé à la pointe sèche.

Corneille **DU SART.**

Voyez le Peintre-graveur, tome v.

530 — La Fête de village. — 1685. (16).

Très-belle épreuve.

Antoine Van **DYCK.**

531 — Le Christ au roseau (*).

Admirable épreuve tirée avant que l'inscription : *Anton.. Van Dyck inv.* soit devenue *Anton. Van Dyck invenit et fecit aqua forti;* avant le mot *regis,* après *cum privilegio,* et l'adresse de *Bon Enfant :* elle est d'une conservation parfaite avec marges de 12 millim. — Coll. *Boulle.*

(*) *M. W. H. Carpenter nous apprend dans un ouvrage dont nous allons parler au numéro prochain, que le duc de Devonshire possède une épreuve d'eau-forte pure de ce chef-d'œuvre, épreuve dont nous avions toujours soupçonné l'existence.*

PORTRAITS DE VAN DYCK.

Portraits gravés a l'eau-forte par A. Van Dyck [*].

102

532 — Breughel (Jean). (1).

Superbe épreuve du second état : elle est avant la lettre ; mais une partie du fond est couverte de travaux. — *Extrémement rare.*—(*L'état précédent, d'eau-forte pure avant le fond, est presque unique.*)

26

533 — Le même personnage. (1).

Fort belle épreuve du quatrième état. — *Beau et très-rare.*

100

534 — Breughel (Pierre). (2).

Très-belle épreuve du premier état. — *Extrémement rare.* — Coll. *Th. Lawrence* et *Robert Dumesnil.*

455

535 — Cornelissen (Antoine).

Épreuve d'eau-forte pure, avant toute lettre. — *Cet état est si rare qu'on n'en connaît que deux ou trois épreuves.*— Coll. *N. Seguier, Esq.*

29

536 — Le même personnage. (3).

Superbe épreuve du second état du portrait, qui est le premier de la planche terminée par *L. Vorsterman.* Voyez le Catalogue de *Weber.*

(*) Pour le classement de cette première suite de portraits, nous avons suivi l'ordre numérique des états adopté par *M. Carpenter* dans l'ouvrage qu'il a publié à Londres, et dont il existe une traduction en français qui a pour titre : *Mémoires et documents inédits sur A. van Dyck, P.-P. Rubens et autres artistes contemporains, par William Hoockam Carpenter, traduit de l'anglais par Louis Hymans.* Anvers, Imprimerie de Buschman, 1845. Après M. Carpenter, feu *Hermann Weber* a publié à Bonn, en 1852, un catalogue des portraits gravés par et d'après *A. van Dyck,* dans lequel il a conservé, pour les premiers, les seuls dont M. *Carpenter* ait parlé, l'ordre numérique des portraits et celui des divers états constatés par ce dernier : il s'est contenté d'ajouter quelques mots sur le plus ou moins de beauté et de rareté de ces états : ces mots nous les empruntons à *Weber,* à notre tour, et nous les mettrons en italique, parce qu'ils sont copiés textuellement dans l'ouvrage de ce savant calcographe, dont la perte a été vivement sentie par ses compatriotes et tous ceux qui aiment les travaux consciencieux sur la connaissance des estampes.

7

537 — Dyck (Antoine). (4).

Admirable épreuve du premier état d'eau-forte pure. — *De la plus grande rareté.*

538 — Érasme (Didier). (5).

Superbe épreuve du premier état. — *Extrêmement rare.*

539 — Franck (François). (6).

Superbe épreuve de la plus parfaite conservation du second état, avant la lettre, mais avec le fond gravé au burin. — *Extrêmement rare. — le premier état d'eau-forte pure, avant le fond, est presque unique.*

540 — Momper (Josse de). (7).

Superbe épreuve du premier état, de la plus parfaite conservation. — *Extrêmement rare.*

541 — Le même personnage. (8).

Superbe épreuve du second état du portrait qui est le premier de la planche terminée par *L. Vorsterman. — Très-beau et très-rare.* — Voyez *Weber*, page 27.

542 — Oort ou Noort (Adam Van). (9).

Superbe épreuve du second état, avant la lettre, mais avec le fond gravé au burin — *Extrêmement rare. — Le premier état d'eau-forte pure, avant le fond, etc..., est presque unique.*

543 — Pontius ou Du Pont (Paul). (10).

Admirable épreuve du second état, avant la lettre, mais avec une partie du fond. Sa conservation est parfaite. — *Extrêmement rare.* — Le premier état, d'eau-forte pure, avant le fond, etc., n'a été vu par Weber que dans le cabinet de Chr. Hall, Esq., à Londres; il est probablement *unique*, dit-il.

544 — Le Roy (Philippe). (11).

Superbe épreuve du second état, qui serait entièrement semblable à celle du premier état, si la tache d'eau-forte existant au-dessus de l'épaule gauche était plus apparente. — De la plus parfaite conservation. — *Cet état ne le cède au premier, ni pour la beauté, ni pour la rareté.*

545 — Snellinx (Jean). (13).

Superbe épreuve du premier état ; très-belle conservation.—*Extrême-ment rare.*

546 — Snyders (François). (15).

Superbe épreuve d'eau-forte pure avant la lettre et le trait carré. Il nous est impossible de préciser à quel état, du premier ou du second, appartient cette épreuve, car, dans l'un et dans l'autre, les travaux sont identiques, et l'inscription : *Franciscus Snyders*, etc..., qu'on lit au bas de la planche, à partir du second état, établit, seule, une différence entre le premier et le second état. Or, notre épreuve, qui n'a que 159 millimètres de hauteur sur 139 millim. de largeur, tandis qu'elle en avait eu 250 de hauteur sur 160 de largeur, avant d'être rognée, n'a pas conservé assez de marge, au-dessus du portrait, pour qu'il soit possible de vérifier si elle a été imprimée avec ou sans inscription. — *Cette admirable pièce est une des plus rares de l'œuvre de Van Dyck, et le second état n'est pas moins rare que le premier.*

547 — Stevens (Pierre). (16) (*).

Épreuve du premier état, à l'eau-forte pure et avant toute lettre : elle passe pour être *unique.* — Coll. W. *Seguier*, Esq.

548 — Le même personnage.

Très-belle épreuve du second état, selon *Weber*, et du troisième, selon nous, de la planche terminée par L. *Vorsterman.* — *Extrême-ment rare.* (Voyez le n° 81 dans le catalogue de *Weber*, qui n'a pas cru devoir faire un premier état de l'eau-forte pure, et qui regarde comme première épreuve celle qui a été tirée avant le nom du graveur : elle précède la nôtre.)

(*) M *Carpenter*, tout en classant cette eau-forte parmi celles de *Van Dyck*, ne pense pas qu'elle soit de la main de ce peintre, mais la croit de L. *Vorsterman*, qui a terminé le portrait. M. *Weber*, venu après M. *Carpenter*, n'est pas du même avis : il pense que la tête, commencée par quelque *artiste inconnu*, a été terminée par *Vorsterman*, qui, en même temps, grava tout le reste de la planche. A notre tour, nous pourrions opposer aux jugements de MM. *Weber* et *Carpenter* ceux qui ont été prononcés par de grands artistes français et par d'habiles connaisseurs dont l'opinion bien réfléchie est que l'eau-forte de Stevens est due à la pointe de *Van Dyck*, et que son exécution, quelle que soit la place qu'on lui assigne parmi ses eaux-fortes, ne décèle pas moins de talent que les autres. Ces artistes et ces amateurs nous ont même permis de les nommer : nous ne le ferons pas, nous en rapportant au public, excellent juge, en dernier ressort, dans toutes ces questions

549 — Sut**termans (Juste). (17).**

Admirable épreuve du premier état : conservation parfaite. — *De la plus grande rareté.* — Coll. *Revil,* 1838.

550 — Triest (D. Antoine). (18).

Superbe épreuve, d'une conservation parfaite, du premier état de la planche terminée par *P. de Jode,* qui est le second état du portrait. — *Beau et extrêmement rare. — M. Carpenter qui, le premier, a décrit l'épreuve d'eau-forte pure, n'en connaît qu'une contre épreuve unique, qui se trouve dans la collection du duc de Devonshire.*

551 — Vorsterman (Lucas). (19).

Admirable épreuve, de la plus parfaite conservation, du premier état. — *De la plus grande rareté.*

552 — Vos (Guillaume de). (20).

Superbe épreuve du second état, avant la lettre, mais avec le fond.— *Très-rare. — On ne connaît que deux épreuves du premier état d'eauforte pure, avant le fond, etc. L'une est au musée Britannique, l'autre dans le cabinet de Chr. Hall, Esq., à Londres.*

553 — Le même personnage.

Très-belle épreuve du premier état de la planche terminée au burin par *S. à Bolswert,* qui est le troisième du portrait. — *Rare.*

554 — Vos (Paul de). (21).

Admirable épreuve du premier état. — *De la dernière rareté.*

555 — Le même personnage.

Superbe épreuve de la planche terminée par *J. Meyssens,* avant la retouche de *Bolswert.* — *Très-rare.*

556 — Wael (Jean de). (22).

Superbe épreuve du premier état. — *Extrêmement rare.*

557 — Waverius (Jean). (23).

Superbe épreuve, de la plus parfaite conservation du premier état de la planche.[†] — *Très-beau et très-rare. — La seule épreuve connue du pre-*

+ *terminée qui est le troisième du portrait.*

mier état se trouve dans le cabinet de C. S. Bale, Esq., à Londres, et du second état; on ne connaît que deux épreuves, l'une au musée Britannique, l'autre au musée d'Amsterdam.

558 — Le Titien et sa maîtresse. (25).

Magnifique épreuve du premier état de la planche terminée : elle est d'une conservation parfaite, et signée *P. Mariette*, 1670, au verso. — *Très-beau et très-rare. — La seule épreuve connue d'eau-forte pure se trouve au musée Britannique.*

PORTRAITS GRAVÉS D'APRÈS VAN DICK (*).

I. POUR L'ÉDITEUR MARTINUS VAN DEN ENDEN (**).

GRAVEUR ANONYME.

559 — Bosschaert (Th. Willeborts). (1). *Cette pièce est très-rare, et ne se trouve ni dans l'édition de G. Hendricx, ni dans les éditions postérieures.*

Superbe épreuve avec une marge de 20 millim.

(*) Nous avons suivi l'excellent travail de *Weber* pour le classement de ces portraits : comme lui, nous les diviserons en cinq classes. Dans la première, nous placerons les portraits gravés pour l'éditeur *Martinus Van den Enden*; dans la seconde, ceux qui l'ont été par l'éditeur *Gillis Hendricx*; dans la troisième, les portraits édités par *Jean Meyssens*; dans la quatrième, nous avons réuni les portraits divers : *Weber* n'ayant pas eu le temps, apparemment, de compléter cette partie de son travail, nous avons formé une cinquième classe de quelques-uns de nos portraits d'après *Van Dyck*, qu'il n'a pas décrits.

(**) Pour ne pas répéter d'une manière fastidieuse les mots *épreuve tirée avant que le nom de Martinus Van den Enden ait été effacé*, nous dirons, une fois pour toutes, que les portraits de cette première classe, au nombre de soixante-quatorze dans notre collection, portent tous, sans aucune exception, l'adresse de son premier éditeur, et sont de l'un des deux premiers états de ces planches. *Weber* décrit presque constamment quatre états, quelquefois cinq et jusqu'à six états des portraits de cette classe, à quelques rares exceptions près. (On ne connaît qu'un seul état des portraits de Bosschaerts par un anonyme, et de lady Howard par *Arnould de Jode*; deux états de P. Snayers par *A. Stock*; trois états des portraits de Mierevelt par *J. Delff*; de don Philippe de Gusman, Constantin Hugens et Fr.-Thomas de Savoye par *P. Pontius*; de don Ambroise Spinola par *L. Vorsterman* le vieux, et G. Seghers par *L. Vorsterman* le jeune.)

Schelte à **BOLSWERT.**

560 — Barbe (J.-B.). (3).

Superbe épreuve du premier état. — *Très-rare.*

561 — Lipse (Juste). (5).

Très-belle épreuve du second état. — *Très-rare.* Coll. *J. Barnard,* dont les initiales sont au verso.

562 — Pepyn (Martin). (6).

Superbe épreuve du premier état. Signée au verso *P. Mariette,* 1671. — *Très-rare.*

563 — Vrancx (Sébastien). (7).

Superbe épreuve du premier état. — *Très-rare.*

564 — Marguerite de Lorraine. (8).

Fort belle épreuve de second état. — *Très-rare.*

Guillaume Jacobsz **DELFF.**

565 — Mierevelt (Michel). (9).

Superbe épreuve avant toutes lettres (*).

Corneille **GALLE**, le vieux.

566 — Wolfart (Artus). (10).

Très-belle épreuve du premier état. — *Très-rare.*

(*) *Weber* n'a pas jugé à propos, avec raison selon nous, de constituer un état avec les épreuves avant la lettre dont il a parlé, cependant, lorsqu'il a pu en découvrir. Il n'en a été tiré que d'un petit nombre de planches, et elles sont de la plus grande rareté. Nous ne pouvons nous empêcher de regretter que les calcographes qui ont précédé *Weber,* n'aient pas pris le même parti que lui, et qu'ils aient faussé les idées des jeunes amateurs, en donnant à des épreuves de la plus grande beauté et fort rares, le nom d'épreuves du troisième et même du quatrième état, parce qu'elles ont été précédées de *quelques épreuves d'essai :* il fallait parler de ces dernières, sans aucun doute, et les décrire avec soin, pour l'instruction des amateurs ; mais ne pas constituer un état avec des pièces qu'on rencontre deux ou trois fois dans sa vie, tout au plus.

Guillaume **HONDIUS.**

567 — Franck le jeune (François). (11).

Fort belle épreuve du second état, avec le nom de *P. de Jode.* — *Non moins rare que la première épreuve.*

Arnould **DE JODE.**

568 — Howard (lady Catherine) duchesse de Lennox. (13).

Très-belle épreuve du seul état connu de cette planche : elle est sur papier à la folie. — *Pièce rare qui ne se trouve pas dans l'édition de G. Hendricx.*

Pierre **DE JODE,** le jeune.

569 — Adam de Coster (15).

Très-belle épreuve du second état. — *Très-rare.*

570 — Halmalius (Paul). (16).

Superbe épreuve du premier état, d'une conservation parfaite, avec une marge de 14 millim. — *Très-rare.*

571 — Jordaens (Jacques). (17).

Superbe épreuve du premier état. — *Très-rare.*

572 — Nole (André Colyns de). (18).

Très-belle épreuve du second état. — *Très-rare.*

573 — Poelenburg (Corneille). (19).

Fort belle épreuve du premier état. — *Très-rare.*

574 — Puteanus (Érycius). (20).

Superbe épreuve du premier état : elle a une marge de 10 millim. — *Extrêmement rare.*

575 — Tuldenus (Diodore). (23).

Superbe épreuve du premier état. — *Extrêmement rare.*

576 — Urphé (Geneviève d'), veuve du duc de Croy. (25).

Fort belle épreuve du second état, signée *P. Mariette*, 1668, au verso : même titre et même adresse que sur le premier état ; mais dans l'inscription du premier, on lit : *Havere*, au lieu du nom *Havré* corrigé sur les épreuves du second état. — *Très-rare.*

Nicolas LAUWERS.

577 — Blancatcio (frère Lelio). (26).

Fort belle épreuve du premier état. — *Très-rare.*

Paul PONTIUS.

578 — Balen (Henri Van). (27).

Très-belle épreuve du second état. — *Très-rare.*

579 — Bazan (Don Alvar). (28).

Admirable épreuve du premier état, avec le mot *Belgior* au lieu de *Regior*, et avant les points à la fin de chaque mot : elle est signée *P. Mariette*, 1668, au verso, et d'une conservation parfaite, avec de jolies marges. — *Extrêmement rare.*

580 — Breuck (Jacques de). (29).

Admirable épreuve du premier état, d'une conservation parfaite, avec de jolies marges. — *Très-rare.*

581 — Colonne (ou Coloma Don Charles). (30)

Très-belle épreuve du second état : même titre et même adresse que sur l'épreuve du premier état ; mais, dans le second, les mots *Cubic, Reg. Ma^{tis}*, ont remplacé les suivants : *Cubit. Reg. Mat.* Ce premier état a été décrit par *Duchesne aîné* (Voyage d'un Iconophile, page 93), comme probablement unique. — *Très-rare.*

582 — Crayer (Gaspard de). (31).

Superbe épreuve du second état. — *Très-rare.*

583 — Frockas Perera et Pimentel (Don Emmanuel). (32).

Superbe épreuve du premier état. — *Très-rare.*

584 — Gevartius (Gaspard). (34).

Très-belle épreuve du second état. — *Très-rare.*

585 — Gusman (Don Diego Philippe de). (35).

Superbe épreuve du premier état. — *Très-rare.*

586 — Gustave-Adolphe. (36).

Superbe épreuve du second état, sur laquelle on lit *Finlandiæ* à la fin de la seconde ligne du titre, tandis que ce mot est écrit *Finlandie* sur les épreuves du premier état. — *Très-rare.*

587 — Honthorst (Gérard). (37).

Très-belle épreuve du premier état. — *Extrémement rare.*

588 — Hugens (Constantin). (38).

Fort belle épreuve du premier état. — *Très-rare.*

589 — Miraeus (Aubert). (39).

Très-belle épreuve du second état. — *Beau et rare.*

590 — Mytens (Daniel). (40).

Superbe épreuve du premier état. — *Extrémement rare.*

591 — Nassau (Jean, comte de). (41).

Superbe épreuve du premier état avec le nom du graveur écrit *Ponsius.* — *Extrémement rare.*

592 — Palamèdes (Palamedessen). (42).

Très-belle épreuve du second état. — *Très-rare.*

593 — Pontius (Paul). (43).

Superbe épreuve du second état, avec de très-grandes marges et de la plus belle conservation. — *Extrémement rare.*

594 — Ravesteyn (Jean Van). (44).

Très-belle épreuve du premier état. — *Très-rare.*

595 — Rombouts (Théodore). (45).

Superbe épreuve du premier état avec une marge de 10 mm. — Un petit défaut dans le papier, au-dessous de la main gauche.

596 — Rubens (Pierre-Paul). (46).

Superbe épreuve du premier état. — *De la plus grande rareté.* « Cet « admirable portrait, dit *Weber*, doit compter au nombre des chefs- « d'œuvre de l'art de la gravure au burin. »

597 — Scaglia (César-Alexandre). (47).

Superbe épreuve du second état, avec le mot *regens* à la fin du second vers. Ce mot a été changé en celui de *movens*, sur les épreuves du troisième état. — *Extrêmement rare.* — On connaît six états de cette planche, et le premier est presque unique.

598 — Savoye (François-Thomas de). (48).

Superbe épreuve du second état, avec une marge de 12 mm. — *Beau et rare.*

599 — Seghers (Gérard). (49).

Superbe épreuve du premier état. — *Très-rare.*

600 — Steenwyck (Henri). (51).

Fort belle épreuve du second état, signée, au verso, *P. Mariette,* 1672. — *Très-rare.*

600 (bis) — Van Loon (Théodore). (52).

Très-belle épreuve du second état signée *P. Mariette,* 1670, au verso. *Très-rare.*

601 — Vos (Simon de). (53).

Superbe épreuve du second état. — *Très-rare.*

Waverius (Jean). (54).

Voyez le numéro 557.

602 — Wildens (Jean). (55).

Fort belle épreuve du second état. — *Très-rare.*

603 — Marie de Médicis. (56).

Superbe épreuve du second état, avec de très-grandes marges et d'une conservation parfaite. — *Très-rare.* — Les épreuves du premier portent le même titre et la même adresse que celles du second ; mais le nom du graveur y est écrit *Ponsius*, de même que sur le premier état du portrait du comte de Nassau. (Voyez le numéro 591.)

André **STOCK.**

604 — Snayers (Pierre). (57).

Superbe épreuve du premier état, signée *P. Mariette*, 1671, au verso, et d'une conservation parfaite. — *Très-rare.*

Robert Van **VOERST.**

605 — Jones (Inigo). (59).

Très-belle épreuve du premier état. — *Extrêmement rare.*

606 — Voerst (Robert Van). (60).

Fort belle épreuve du second état. — *Très-rare.*

607 — Vouet (Simon). (61).

Superbe épreuve du premier état. — *Extrêmement rare.*

Lucas **VORSTERMAN.**

608 — Cachiopin (Jacques de). (62).

Très-belle épreuve du second état. — *Très-rare.*

609 — Callot (Jacques). (63).

Superbe épreuve du premier état. — *Extrêmement rare.*

610 — Coeberger (Venceslas). (64).

Superbe épreuve du premier état, avec une belle marge. — *Extrêmement rare.*

Cornelissen (Antoine). (65).

Voyez le numéro 536.

611 — Delmont (Déodat). (66).

Superbe épreuve du premier état. — *Extrêmement rare.*

612 — Dyck (Antoine Van). (67).

Très-belle épreuve du second état. — *Extrêmement rare.*

618 — Eynden (Hubert Van den). (68).

Fort belle épreuve du second état. — *Très-rare.*

614 — Galle (Théodore). (69).

Superbe épreuve du premier état. — *Très-rare.*

615 — Gaston (duc d'Orléans). (70).

Superbe épreuve du premier état, avant les points à la fin des mots *Princeps, Gaston, Francia, Dux*, et avant les traits d'union entre les deux syllabes du mot *Frater*. — La petite marge à gauche est doublée. — *Extrêmement rare.*

616 — Gentileschi (Horace). (71).

Fort belle épreuve du second état. — *Très-rare.*

617 — Jode (Pierre de), dit le Vieux. (72).

Très-belle épreuve du second état. — *Très-rare.*

618 — Livens (Jean). (73).

Superbe épreuve du premier état. — *Extrémement rare.*

619 — Mallery (Charles de). (74).

Superbe épreuve du premier état, d'une parfaite conservation, avec une jolie marge ; elle est signée au verso *P. Mariette*, 1672. — *Extrémement rare.*

620 — Milder (Jean Van). (75).

Très-belle épreuve du premier état. — *Très-rare.*

Momper (Josse de). (76).

Voyez le numéro 541.

621 — Peiresc (Nicolas Fabri de). (77).

Superbe épreuve du premier état. — *Extrémement rare.*

622 — Sachtleven (Corneille). (78).

Superbe épreuve du premier état, de la plus belle conservation , avec marges de 12 mm. ; elle est signée *P. Mariette* , 1672. — *Extrémement rare.*

623 — Schut. (Corneille). (79).

Superbe épreuve du premier état : sa conservation est parfaite. — *Extrémement rare.*

624 — Spinola (Dom Ambroise) , duc de Sanseverino. (80).

Très-belle épreuve du second état. — *Beau et rare.*

Stevens (Pierre). (81).

Voyez le numéro 548.

625 — Uden (Lucas Van). (82).

Superbe épreuve du premier état, d'une conservation parfaite avec une jolie marge. — *Extrêmement rare,*

Lucas **VORSTERMAN**, le jeune.

626 — Seghers (Gérard). (84).

Fort belle épreuve du second état. — *Très-rare.* — Contrairement à son habitude, et à tort, selon nous, *Weber* a fait, d'une épreuve avant la lettre, le premier état de ce portrait.

II. Portraits d'après Van Dyck, gravés pour l'éditeur Gillis Hendricx (*).

Schelte à **BOLSWERT.**

627 — Ertvelt (André Van). (p. 101).

Superbe épreuve du premier état, de la plus parfaite conservation avec de très-grandes marges. — *Très-rare.*

(*) *Weber* n'ayant pas numéroté les portraits de cette classe, comme il a fait précédemment pour ceux dont M. Van den Enden a été l'éditeur, nous avons désigné la page de son catalogue, à la suite du nom de chaque personnage.

628 — Ruthven (lady Mary), femme d'*Antoine Van Dyck.* (p. 101).

Superbe épreuve du second état, d'une parfaite conservation avec de fort belles marges. — *Très-rare.*

Pierre **DE JODE,** le jeune.

629 — Jode (Pierre de), le jeune. (p. 102).

Fort belle épreuve du second état.

630 — Blois (Jeanne de). (p. 103).

Très-belle épreuve du seul état connu de ce portrait. — *Weber* parle, il est vrai, d'une épreuve avant la lettre conservée au musée d'Amsterdam; mais, selon sa louable habitude, à laquelle il n'a manqué qu'une fois, à l'occasion du portrait de G. Seghers gravé par *Vorsterman* le jeune, il n'en fait pas un premier état.

Jacques **NEEFFS.**

631 — Ryckaert (Martin). (p. 104).

Très-belle épreuve du second état.

632 — Tassis (Antoine de). (p. 105).

Superbe épreuve du premier état. — *Beau et très-rare.*

Paul **PONTIUS.**

633 — Rockox (Nicolas). (p. 105).

Très-belle et très-rare épreuve du quatrième état, avec l'indication: *Paul Pontius sculpsit, 1639;* mais avant le nom du peintre et la date de la mort. — *Weber* décrit *huit* états de cette planche.

Lucas **VORSTERMAN.**

634 — Moncada (François de). (p. 107).

Superbe épreuve du premier état, parfaitement conservée, avec une jolie marge : elle est signée, au verso, *P. Mariette*, 1665. — *Extrêmement rare.*

635 — Wolfang (Guillaume). (p. 107).

Superbe épreuve du premier état. — *Très-beau et très-rare.*

636 — Isabelle-Claire-Eugénie, Infante d'Espagne. (p. 108).

Superbe épreuve du premier état. — *Extrémement rare.*

III. Portraits d'après Van Dyck, gravés pour l'éditeur J. Meyssens.

Pierre BAILLIU.

637 — Bourbon (Antoine de), comte de Moret. (p. 109).

Superbe épreuve du premier état, avec l'adresse de *Meyssens.* — *Weber* dit que l'inscription, dans la marge en bas, a été gravée par *W. Hollar.*

638 — Urfé (Honoré d'). (p. 110).

Superbe épreuve du premier état.

639 — Percy (Lucie). Voyez la note qui suit le n° 339, p. 110).

Superbe épreuve du premier état.

Corneille GALLE, le jeune.

640 — Ferdinand III, empereur. (p. 110).

Superbe épreuve du premier état.

641 — Marie d'Autriche, impératrice. (p. 110).

Superbe épreuve du premier état.

642 — Henriette de Lorraine. (p. 111).

Très-belle épreuve du premier état.

Pierre **DE JODE**, le vieux.

22   **643** — Cusance (Beatrix de), duchesse de Lorraine.
(p. 112).

Belle épreuve du premier état, un peu trop rognée en haut.

3   **644** — Montfort (Jean de). (p. 112).

Superbe épreuve du premier état.

Paul **PONTIUS.**

6   **645** — Aremberg (Marie, comtesse d'). (p. 113).

Superbe épreuve du premier état.

Conrad **WAUMANS.**

7. fo   **646** — Croy (Marie-Claire de), duchesse d'Havré.
(p. 114).

Très-belle épreuve du premier état.

6. fo   **647** — Orange (Frédéric-Henri, prince d'). (p. 114).

Très-belle épreuve du premier état.

6. fo   **648** — Orange (Émilie de Solms, princesse d').
(p. 114).

Superbe épreuve du premier état.

5. fo   **649** — Zuniga et Davila (Don Antoine de). (p. 115).

Superbe épreuve du premier état.

Jean **MEYSSENS.**

12   **650** — Charles Ier, roi d'Angleterre (*).

(*) Ce portrait et les six qui suivent, édités par *J. Meyssens*, ainsi que les treize
qui précèdent, n'ont pas été compris dans le travail de *Weber*. On les trouvera
décrits brièvement, mais avec soin, comme tous les portraits gravés d'après *Van
Dyck* avant le commencement de ce siècle, dans le catalogue de la collection
Alibert, rédigé par *Regnault-Delalande*, en 1803. Cette collection, commencée par
P. J. Mariette, dont le nom est si cher aux amis des arts du dessin, et continuée
avec zèle par *Alibert*, a dû être la plus belle qu'on ait jamais formée en France,
en l'honneur du grand peintre de portraits : elle possédait une épreuve à l'eau-forte
de *Cornelissen*, regardée par *Regnault-Delalande* comme tirée d'une autre planche
que celle qui a été terminée par *Vorsterman*; mais on ne voit pas figurer, dans
cette magnifique collection, l'épreuve d'eau-forte pure du portrait de *Stevens*, qui
fait partie de la nôtre.

651 — Henriette-Marie, reine d'Angleterre.

Superbe épreuve du premier état, avec une marge de 20 millim.

652 — Van der Ee (D. François).

Superbe épreuve du premier état.

653 — Ruten (Marie), femme d'Antoine *Van Dyck.*

Superbe épreuve du premier état, de la plus belle conservation avec de belles marges.

MICHEL **NATALIS.**

654 — Nassau (Ernestine, princesse de Ligne, comtesse de).

Très-belle épreuve du premier état.

PIERRE **RUCHOLLE.**

655 — Savoye (Charles-Emmanuel, duc de).

Très-belle épreuve du premier état.

HENRI **SNAYERS** ou **SNYERS.**

656 — Robert, comte Palatin.

Très-belle épreuve du premier état.

IV. PORTRAITS DIVERS, D'APRÈS VAN DYCK, DÉCRITS DANS LE CATALOGUE DE WEBER.

GRAVEUR ANONYME.

657 — Opstal (Antoine Van). (p. 116).

Superbe épreuve, avant l'adresse de *Jacobus de Man*.

PIERRE **DE JODE,** LE VIEUX.

658 — Liberti (Henri). (p. 121).

Superbe épreuve.

659 — Simons (Quintin). (p. 121).

Superbe épreuve du premier état : elle est signée, au verso, *P. Mariette*, 1691. — *Extrêmement rare.*

Théodore **MATHAM.**

27. **660** — Leblon (Michel). (p. 123).

Fort belle épreuve avec de grandes marges ; conservation parfaite.

Paul **PONTIUS.**

661 — Ferdinand d'Autriche. (p. 123).

Belle épreuve du second état.

Le Roi (Philippe). (p. 125).

Voyez le numéro 667.

662 — Savoye (François-Thomas de). (p. 125).

L'un des chefs-d'œuvre du graveur. — Très-belle épreuve du second état.

Robert Van **VOERST.**

663 — Chrétien, duc de Brunswick. (p. 126).

Superbe épreuve avant toutes lettres. — *Extrêmement rare.*

Lucas **VORSTERMAN.**

664 — Arundel (Thomas Howard, comte d'). (p. 127).

Superbe épreuve. — Coll. *Denon.* — *Très-rare.*

665 — Charles Ier, roi d'Angleterre. (p. 127).

Fort belle épreuve dont la marge du bas a été coupée au-dessous de la première ligne du titre, en sorte que le titre et la dédicace ont disparu. — *Très-rare.*

666 — Le Roi (Philippe). (p. 125).

Superbe épreuve du premier état avec le monogramme du graveur qui se voit à droite, dans le fond, au-dessus de l'épaule gauche du personnage. — *Extrêmement rare.*

667 — Le même personnage. (p. 125).

Fort belle épreuve du second état, avant la lettre et avec le trait carré légèrement tracé, comme dans l'état précédent. Le portrait n'ayant

pas été trouvé ressemblant, le monogramme de *L. Vorsterman* a été
effacé, et la tête a été grattée et recommencée par *Paul Pontius* qui
raccorda en même temps toute la planche.—*Extrêmement rare.*—Il y
a quatre états de cette planche.

668 — Rockox (Nicolas). (p. 127).

Superbe épreuve du premier état. — *Très-rare.*

Lucas **VORSTERMAN**, LE JEUNE.

669 — Vorsterman (Lucas). (p. 128).

Superbe épreuve d'un état que *Weber* n'a pas décrit ; elle a été tirée
avant que la planche ait été coupée dans un angle, à gauche : elle
est sur papier *à la folie*, avec de très-grandes marges, et de la plus parfaite conservation.

V. PORTRAITS DIVERS, D'APRÈS VAN DYCK, QUI NE SONT PAS DÉCRITS DANS L'OUVRAGE DE WEBER.

GRAVEURS ANONYMES.

670 — Papenheim (Godefroy-Henri, comte de).

Superbe épreuve avant toutes lettres.—Un autre portrait du même
personnage a été gravé par *C. Galle.*

671 — Portrait d'homme.—Il est couvert d'un manteau qui laisse voir sa main gauche. Pièce
en demi-corps , au burin. — *Ant. Van
Dyck pinx.*

672 — Portrait d'homme. — Vu à mi-corps, ses doigts
sont passés dans la poignée de son épée.
— (L'épreuve est rognée sur le trait carré.)
N. B. — Les trois portraits précédents ne
sont pas décrits dans le catalogue de la vente
Alibert, par *Regnault-Delalande.*

ABRAHAM **BLOTELINGH.**

673 — Mirabelle (le marquis de).

Très-belle épreuve du premier état.—Pour ce portrait et les suivants,
d'après *Van Dyck*, voyez le catalogue de la vente *Alibert.*

Jean Van der **BRUGGEN**.

674 — Richemont (la duchesse de). — 1682.

Belle épreuve avec l'adresse du graveur.

Pierre **CLOUWET**.

675 — Wake (Anne).

Très-rare épreuve avant la lettre.

Guillaume **HONDIUS**.

676 — Eugénie-Isabelle-Claire, infante d'Espagne.— 1633.

Très-belle épreuve.

Jacques **HOUBRAKEN**.

677 — Digby (sir Kenelm). — 1748.

Très-belle épreuve avec de grandes marges.

678 — Richmond (James Stuart, duc de). — 1740.

Belle épreuve avec de grandes marges.

679 — Warwick (Robert Rich, comte de). — 1747.

Très-belle épreuve avec une jolie marge.

Ces trois portraits ne faisaient pas partie de la collection Alibert, et ne se trouvent pas dans le Catalogue rédigé par *Regnault-Delalande*, qui en a décrit trois autres du même artiste, gravés, comme ceux-ci, pour la suite des hommes illustres d'Angleterre, publiée à Londres par *Knapton*.

Jean **LOUYS**.

680 — Savoye (François Thomas de).

Très-belle épreuve.

681 — Spinola (Ambroise), duc de Sansoverino.

Très-belle épreuve.

Les guirlandes de fruits et les ornements qui entourent ces deux portraits ont été gravés à l'eau-forte par *P. Soutman*, qui en a été l'éditeur.

Paul **PONTIUS**.

682 — Berghe (Henri, comte de).

Superbe épreuve tirée avant la suppression du mot *Catholici* et avant l'adresse de *Bonenfant*.

Crispin Van den **QUEBOORE**.

683 — Marie d'Angleterre, fille de Charles Ier.

Belle épreuve.

Pierre Van **SOMPEL**.

684 — Ferdinand d'Autriche, infant d'Espagne.

Superbe épreuve d'une très-belle conservation.

685 — Gaston, duc d'Orléans.

Superbe épreuve avec une jolie marge.

686 — Marguerite de Lorraine, duchesse d'Orléans.

Très-belle épreuve.

687 — Eugénie-Isabelle-Claire, Infante d'Espagne.

Superbe épreuve.

688 — Marie de Médicis, reine de France.

Superbe épreuve.
Les fleurs, festons et autres ornements qui entourent les cinq portraits précédents, sont gravés par *Soutman*, qui les a tous édités.

Jonas **SUYDERHOEF**.

689 — Charles Ier, roi d'Angleterre.

Très-belle épreuve.

690 — Henriette-Marie de France, reine d'Angleterre.

Superbe épreuve.

691 — Moncada (François de).

Superbe épreuve.

692 — Nassau (Jean, comte de).

Superbe épreuve.

Ces quatre portraits sont placés dans des couronnes entourées de festons et de guirlandes de fleurs et de fruits, gravées à l'eau-forte par *P. Soutman*, qui en a été l'éditeur, ainsi que des portraits gravés par *J. Louys* et *P. Van Sompel*, d'après *A. Van Dyck*.

Corneille VERMEULEN.

693 — Lespée (Ignace-Joseph).

Très-belle épreuve : belle conservation.

Lucas VORSTERMAN, le vieux.

694 — Nassau (le comte de).

Superbe épreuve du premier état avec l'adresse du graveur (*).

N. B. L'ordre alphabétique des noms d'auteurs avait été interrompu après la lettre D, par les portraits gravés d'après *Van Dyck*, qui ont suivi les eaux-fortes de ce grand peintre. A partir du n° 695, nous continuerons cet ordre alphabétique, sans le quitter, jusqu'à la fin des Écoles Flamande et Hollandaise.

Albert Van EVERDINGEN.

Voyez le Peintre-Graveur, tome ii.

695 — L'Homme entre deux pins. (93).

Très-belle épreuve.

Albert FLAMEN.

Voyez le Peintre-Graveur, tome v.

696 — La Pivoine. (85).

Superbe épreuve, de la plus parfaite conservation, avec marges de 50 mm.

(*) Notre collection renferme encore un assez grand nombre de portraits d'après *Van Dyck*. On a vu déjà dans l'École Allemande ceux qui ont été gravés par *W. Hollar*. On trouvera dans l'École Flamande des portraits par *C. Vermeulen, C. Visscher* et *L. Vorsterman*. L'École Française offrira aussi des portraits non moins remarquables par *Baléchou, Séb. Barras, J.-J. de Boissieu, L. Ferdinand, M. Lasne, P. Lombart, J. Morin, J. Pesne* et *Alex. Tardieu*. — *Van Dyck*, enfin, a eu d'heureux et dignes interprètes parmi les artistes de l'École Anglaise : nous possédons quelques portraits de ce grand maître gravés par *T. Blackmore, R. Earlom, W. Faithorne, R. Strange* et *W. Woollett*. Voyez ces noms.

François **FLORIS**, dit **FRANC. FLORE.**

697 — La Victoire entourée de prisonniers enchaînés et de trophées. — Morceau rare, et seule production connue de ce maître. — 1552.

Fort belle épreuve, mais doublée ; la marge d'en bas est déchirée dans trois endroits.

Jean de **FREY.**

698 — Isaac donnant sa bénédiction à Jacob, d'après *G. Flinck.* — 1798.

Très-belle épreuve avec une jolie marge.

699 — Jésus guérissant la mère de Saint Pierre, d'après *G. Metzu.* — 1797.

Très-belle épreuve.

700 — Un Architecte de la marine et sa femme, d'après *Rembrandt.* — 1800.

Superbe épreuve avant la lettre, avec le nom du graveur à la pointe seulement : très-grandes marges.

701 — Jean de La Valette, grand-maître de l'ordre de Malte.

Superbe épreuve avant toute lettre, avec une très-grande marge.

702 — L'Amiral Martin Tromp, d'après *Livens.* — 1801.

Très-belle épreuve.

703 — Gérard Dow, d'après son portrait peint par lui-même.

Superbe épreuve avant la lettre.

704 — Le même peintre.

Très-belle épreuve avec la lettre.

705 — Pie VII, d'après *L. David.*

Très-belle épreuve avant les noms des artistes.

706 — Le baron A. Dubois, chirurgien, d'après *F. Gérard.*

Très-belle épreuve avant toutes lettres.

707 — Jean de Frey, dessiné et gravé par lui-même. 1808.

Superbe épreuve, avant toutes lettres, tirée sur papier de la Chine libre.

Jean FYT.

Voyez le Peintre-Graveur, tome IV.

708 — Les Deux Renards. (8).

Très-belle épreuve du premier état.

Henri GOLTZIUS.

Voyez le Peintre-Graveur, tome III.

709 — Mars et Vénus surpris en adultère. — 1585. (139).

Bonne épreuve d'une belle conservation.

710 — Portrait de Nic. de Daventer. — 1595. (204).

Épreuve d'une grande finesse et parfaitement conservée; elle est signée *P. Mariette,* au-dessus du trait carré, à droite, en haut. — Collection *Revil,* 1830.

Léo Van HEIL.

Voyez le Catalogue des estampes gravées d'après *Rubens,* rédigé par *Basan.*

711 — Danse de Villageois. — N° 41 des sujets particuliers.

Très-belle épreuve avec l'adresse de l'auteur.

Jacob HOUBRAKEN.

712 — Portrait de Catherine, impératrice de Russie.

Épreuve très-fine.

Voyez les portraits gravés par *Houbraken* d'après *Van Dyck,* aux numéros 677 à 679.

Christophe **JEGHER** (*).

Voyez le Catalogue des estampes gravées d'après *Rubens*, rédigé par
Basan.

713 — Repos en Éygypte. — N° 23 des sujets de
vierges.

Superbe épreuve, en clair obscur; elle est doublée : ces épreuves, suivant *Basan*, sont d'une *grande rareté*.

714 — Hercule exterminant la Fureur et la Discorde.
— N° 14 des sujets de la fable.

Très-belle épreuve, signée *J. B. Corneille*.

715 — Silène ivre. — N° 67 des sujets de la fable.

Très-belle épreuve, parfaitement bien conservée.

716 — Conversation entre plusieurs amants. On y voit,
à droite, Rubens debout près de sa femme.
— N° 38 des sujets particuliers.

Admirable épreuve d'une magnifique estampe bien difficile à rencontrer : elle est d'une parfaite conservation.

717 — Portrait d'homme à barbe. N° 88 des portraits.

Très-belle épreuve.

Pierre **DE JODE**, dit le jeune.

718 — Renaud et Armide, d'après *Ant. Van Dyck*. —
1644.

Très-belle épreuve avec l'adresse de *S. Caspeel*.

(*) *Rubens* a été, lui-même, l'éditeur des estampes gravées sur bois par *Jegher*,
et c'est une preuve qu'il attachait une importance toute particulière à ces belles
productions exécutées d'après ses propres dessins. *Basan* parle, entre autres dessins de la main de Rubens, de celui de la Conversation entre plusieurs amants,
que *P. J. Mariette* possédait de son temps.

719 — David Téniers, d'après son portrait peint par
lui-même.

Très-belle épreuve avec l'adresse de *J. Meyssens.*

Voyez les portraits gravés par *P. de Jode* d'après *Van Dyck*, aux
numéros 569 à 576, 629 et 630.

Jacques **JORDAENS.**

720 — Jupiter enfant, nourri du lait de la chèvre
Amalthée. — 1652.

Très-belle épreuve du premier état, avant l'adresse d'*A. Blotelingh.*

Gérard de **LAIRESSE.**

721 — Jupiter et Antiope.

Superbe épreuve du premier état, avant le numéro et avant le trait
autour de la composition.

Nicolas **LAUWERS.**

722 — Philémon et Baucis, d'après *J. Jordaens.*

Superbe épreuve avant l'adresse de *A. Blotelingh* : conservation
parfaite.

Jean **LIVENS** ou **LIEVENS.**

723 — Portrait de Daniel Heinsius.—(Bartsch, n° 58.)

Superbe épreuve du premier état, avec l'adresse de *M. Van den Enden.*
— *M. Guichardot*, dans le Catalogue du cabinet *Van den Zande*, a
constaté un second état de ce portrait, avec l'adresse de *J. Meyssens.* —
Collection *Verstolk de Soelen.*

724 — Portrait de Jacques Gouter (B. 59).

Superbe épreuve.

Jean **LOUYS.**

725 — Le Repos de Diane, d'après *Rubens.* — N° 9
des sujets de la fable, dans le Catalogue de
l'œuvre gravé de *Rubens*, par *Basan.*

Très-belle épreuve avec l'adresse de *Soutman.*

Voyez les portraits gravés d'après *Van Dyck* par *J. Louys*, aux numéros 680 et 681.

LUCAS DE LEYDE.

Voyez le Peintre-Graveur, tome VII.

726 — Les deux Vieillards apercevant Suzanne dans le bain. (33).

Très-belle épreuve.

727 — La Promenade. — 1520. (144).

Belle épreuve : une restauration a été commencée en bas, à droite, près de la marque du peintre.

728 — La Laitière. — 1510. (158).

Épreuve très-faible, mais ancienne, sur un beau papier du temps.

Jean LUTMA le fils.

729 — Portrait de Jean Lutma le père. — 1656.

Superbe épreuve avec une jolie marge et d'une conservation parfaite. Coll. *Verstolk de Soelen.*

Maître anonyme, graveur au burin du XVIIe siècle.

730 — Militaires et courtisanes autour d'une table sur laquelle l'un d'eux, assis, verse du vin mousseux dans son verre : composition de dix-huit figures.

Très-belle estampe gravée par un maître de l'école des *Visscher,* d'après une peinture de l'un des élèves de *Rubens.* Ce morceau, ainsi que les quatre portraits gravés par *C. Van Dalen,* d'après *le Titien* (Voyez le n° 523), fait partie du cabinet *Reynst,* recueil d'estampes exécutées d'après les tableaux de ce célèbre collecteur.

Maîtres anonymes, graveurs a l'eau-forte, du XVIIe siècle.

731 — La Madeleine s'arrachant les cheveux, d'après *Rubens,* n° 28 des sujets de saintes. (Voyez le Catalogue de l'œuvre gravé de *Rubens,* par *Basan.*)

Très-belle épreuve du premier état.

732 — Un jeune cavalier, élégamment vêtu et la cra-
vache à la main, vient d'arrêter son cheval
au bord d'une rivière qui baigne le pied
d'une montagne rocheuse, au sommet de laquelle on aperçoit une tour. Cette belle
pièce, qui nous paraît avoir été gravée d'a-
près *A. Cuyp*, fait partie d'une suite de
quatre pièces, et porte le n° *4* à moitié effacé, très-près de l'angle inférieur de la
planche, à droite.

Très-belle épreuve.

PIÈCE INÉDITE.

733 — Portraits de *J.-B.* et *Fr. Mercurius van Helmont*.
— Les portraits de ces deux personnages
sont accolés de telle sorte que l'oreille de
J.-B. van Helmont cache entièrement l'œil
droit de *Fr.-M. van Helmont*. Le peintre-
graveur n'a exécuté que les deux têtes qui
reposent, la première, sur un triangle équi-
latéral au milieu duquel on lit : *Joannes-
Baptista van Helmont*, et la seconde, sur un
cercle en dedans duquel se lisent les noms
Franciscus-Mercurius van Helmont, qui tour-
nent avec le cercle. Huit écussons, deux en
haut, deux en bas, et quatre sur les côtés,
sont placés régulièrement autour de ces deux
portraits. Les noms de famille : *Helmont*,
*Ranst, Vilain, Halmale, Merode, Renialme,
Stassart* et *Bauw*, sont écrits séparément et
successivement au-dessous de l'écusson qui
appartient à chacune de ces familles.

Cette belle eau-forte, dont nous n'avons jamais vu une seconde épreuve, est exécutée d'une pointe ferme, légère et spirituelle, et rappelle les admirables eaux-fortes de *Van Dyck*; imprimée sur *papier à la folie*, sa conservation est parfaite; elle est signée, au verso, *P. Mariette*, 1656.

JEAN **VAN DER MEER**, LE JEUNE.

Voyez le Peintre-Graveur, tome I.

734 — La Brebis debout. — 1685. (2).

Superbe épreuve imprimée sur le papier dont on s'est servi pour le premier tirage. —Très-belle conservation.

JEAN **MEYSSENS**.

Voyez le *Catalogue des estampes gravées d'après Rubens*, rédigé par *Basan*.

735 — Méléagre et Atalante. — N° 19 des sujets de la fable.

Superbe épreuve avec l'adresse du graveur.

Les portraits que *J. Meyssens* a gravés d'après *Van Dyck*, se trouvent aux n°ˢ 650 à 653.

JEAN **MIELE**.

Voyez le Peintre-Graveur, tome I.

736 — Le Berger. (1).

Très-belle épreuve.

737 — Le Siége de Mastricht. (4).

La Prise de Mastricht. (5).

La Prise de la ville de Bonn. (6).

« Ces trois estampes, qui sont extrêmement rares, ont été gravées pour un ouvrage qui a pour titre : Fabiani Stradæ de Bello Belgico... Romæ, 1640. » *Bartsch.*

Superbes épreuves. — Sur le bord de *la Prise de Bonn* (6), à droite, entre deux pièces de canon qui touchent au trait carré, il existe une restauration à la plume très-habilement faite, et capable de tromper des yeux fort exercés.

RICHARD **VAN ORLEY.**

Voyez le *Catalogue des estampes gravées d'après Rubens,* rédigé par
Basan.

738 — La Chute des Réprouvés. — N° 125 des sujets
du Nouveau-Testament.

Superbe épreuve, d'une très-belle conservation.

739 — Bacchus ivre, soutenu par des Satyres. —
N° 59 des sujets de la fable.

Très-belle épreuve.

ADRIEN **VAN OSTADE.**

Voyez le Peintre-Graveur, tome i.

740 — Les Fumeurs. (13).

Très-belle épreuve, avec une jolie marge.

741 — Le Gueux au dos courbé. (20).

Très-belle épreuve, avec la tache d'eau-forte bien marquée.

742 — Les Pêcheurs. (26).

Fort belle et très-rare épreuve tirée avant que le trait carré ait été
renforcé au burin.

743 — Trois figures grotesques. (28).

Très-belle épreuve.

744 — Le Charcutier. (41).

Très-belle épreuve avant divers travaux, et avant que les angles du
cuivre aient été davantage arrondis.

745 — Le Joueur de violon bossu. (44).

Très-belle épreuve, avec une jolie marge.

746 — La Danse au cabaret. (49).

Belle et ancienne épreuve.

747 — Le Goûter. (50).

Admirable épreuve avant la lettre dans la marge d'en bas, avec la bordure faible et irrégulière, avant les contre-tailles sur l'un des battants de la porte de la cave, et sur le coussin du siége à dossier rond, derrière l'homme debout, le verre à la main, etc... ; presque à l'eau-forte pure. — La marque du papier est un aigle dans une couronne.

748 — La même estampe.

Superbe épreuve avec la lettre.

Crispin DE PAS ou DE PASSE.

749 — Portrait du cardinal DU PERRON, d'après *D. Du Moustier*.

Très-belle épreuve.

750 — Portrait de HENRI IV.

Superbe épreuve avec une belle marge.

Paul PONTIUS.

Voyez le Catalogue de l'œuvre gravé de *Rubens,* par *Basan.*

751 — Suzanne surprise par les vieillards. — 1624. — N° 34 des sujets de l'Ancien-Testament. — *Belle et rare,* suivant *Basan.*

Très-belle épreuve.

752 — Thomiris. — 1630. — N° 22 des sujets d'histoire. — *Belle et rare,* selon *Basan.*

Superbe épreuve. — Coll. *Debois*

753 — Portrait de PHILIPPE IV, roi d'Espagne. — 1632. — N° 26 des portraits.

Admirable épreuve, tirée avant le changement dans les moustaches et l'adresse de *G. Hendricx.*

754 — Portrait de P.-P. RUBENS. — 1630. — N° 48 des portraits.

Magnifique épreuve de la plus belle conservation, avec de très-grandes marges.

755 — L'Adoration des Rois, d'après *G. Seghers.* — 1631.

Superbe épreuve d'une conservation parfaite, et signée *P. Mariette*, 1672, au verso.

Les portraits gravés par *P. Pontius*, d'après *Van Dyck*, se trouvent aux n°s 578 à 603, 633, 661, 662, 667 et 682.

Paul **POTTER.**

Voyez le Peintre-Graveur, tome ɪ.

756 — Le Taureau. — 1650. (1).

Très-belle épreuve avec l'adresse de *Clément de Jonghe.*

757 — Le Vacher. — 1649. (14).

Superbe épreuve de la planche terminée, avant toute adresse.

Paul **REMBRANDT VAN RHYN.**

Voyez le Catalogue de son œuvre, par *Bartsch*, et le *Catalogue de toutes les estampes qui forment l'œuvre de Rembrandt, par le chevalier de Claussin.* — Les numéros entre parenthèses sont ceux de *Bartsch*, comme précédemment ; les suivants sont pris dans le Catalogue de *Claussin.*

758 — Portrait de Rembrandt avec une écharpe au cou. — 1633. (17) — 17.

Très-belle épreuve avec le nom de *Rembrandt* et l'année 1633. — Coll. *Molitor.*

759 — Rembrandt avec sa femme. — 1636. (19) — 19.

Superbe épreuve.

760 — Portrait de Rembrandt appuyé. — 1639. (21).

— 21. « *Ce portrait*, dit Claussin, *est le plus beau de ceux qui composent cette classe.* »

Très-belle épreuve. — Les angles du papier sont légèrement restaurés.

761 — Portrait de Rembrandt, en ovale. — 1634. (23) — 23.

Superbe épreuve de la planche découpée en ovale. — Coll. *Gole.*

762 — Abraham qui reçoit les trois Anges. — 1656. (29) — 35.

Très-belle épreuve.

763 — Joseph et la femme de Putiphar. — 1634. (39) — 43.

Très-belle épreuve. — Coll. *Paar*, dont le timbre se trouve au verso.

764 — L'Ange qui disparaît devant la famille de Tobie. — 1641. (43) — 47.

Superbe épreuve tirée de la planche non ébarbée.

765 – Jésus-Christ prêchant, morceau connu sous le nom de *la Petite Tombe*. (67) — 71.

Admirable épreuve du premier état, tirée avant que les travaux à la pointe sèche aient été ébarbés. — Conservation parfaite.

766 — Chasse aux lions. (115) – 117.

Très-rare et superbe épreuve du premier état, avant que la planche n'ait été nettoyée; on y voit plusieurs raies et des taches d'eau-forte. — Signée *P. Mariette*, 1679, au verso.

767 — Autre Chasse aux lions. (116) — 118.

Très-belle épreuve, fort bien conservée.

768 — Gueux assis sur une motte de terre. — 1630. (174) – 171.

Très-belle épreuve du premier état, avant le nom de *Rembrandt* en toutes lettres.

769 — Vieillard à grande barbe et à bonnet fourré. (262) — 259.

Superbe épreuve, d'une conservation parfaite, avec une jolie marge. — Coll. *Gole*.

770 — Vieillard à barbe carrée. 1640. (265) — 262.

Très-belle épreuve, fort bien conservée.

771 — Janus Silvius. — 1633. (266) — 263.

Très-belle épreuve; elle porte, au-dessous du livre, le timbre de M. *Maggi*, de Turin.

772 — Jeune homme assis et réfléchissant. — 1637. (268) — 265.

Très belle épreuve.

773 — Abraham France. (273) — 270.

Superbe épreuve.

774 — Jean Lutma. — 1656. (276) - 273.

Très-belle épreuve.

775 — Wtenbogardus. — 1635. (279) — 276.

Fort belle épreuve, très-difficile à trouver aussi brillante: elle est doublée, parce qu'elle a été découpée de manière à transformer l'octogone en ovale. — Elle porte le timbre de M. *Maggi*, de Turin.

776 — Le petit Coppenol. (282) — 279.

Admirable épreuve du second état, sur papier du Japon. — Coll. *Verstolk de Soëlen.*

777 — Homme en cheveux. (289) — 286. « *J'ai vu, mais rarement,* dit CLAUSSIN, *des épreuves où le bonnet et la robe semblent être de velours.* » Notre épreuve peut se comparer à celles dont parle le célèbre amateur des Écoles Flamande et Hollandaise : elle a tout l'éclat de l'étoffe elle-même.

778 — Vieillard à grande barbe. (290).

Superbe épreuve : elle offre une particularité bien remarquable et qui la rend doublement précieuse. Sur le verso, sont trois croquis à la pierre noire, de la main de *Rembrandt ;* ils représentent un homme coiffé du bonnet que le grand peintre affectionnait, enveloppé dans son manteau, et deux têtes d'hommes couvertes de bonnets à peu près semblables à celui de l'homme au manteau.

779 — Vieillard à moustaches et grand bonnet. — 1630. (321) — 314.

Très-belle et rarissime épreuve du premier état, signée *P. Mariette* au verso. — Coll. *Verstolk de Soëlen.*

780 — La Grande Mariée juive. (340) — 330.

Superbe épreuve de la planche entièrement terminée. La tache dont parle *Claussin*, sur la partie claire de la joue gauche, est fort apparente.

781 – La Petite Mariée juive. — 1633. (342) — 332.

Très-belle épreuve.

782 — Vieille qui dort. (350) — 340.

Superbe épreuve.

783 — Trois têtes de femmes, dont une qui dort. — 1637. (368) — 358.

Fort belle épreuve.

RODERMONT.

784 — Portrait de Jean Second, célèbre poëte latin.

Très-belle épreuve, d'un morceau fort rare.

PIERRE-PAUL RUBENS.

Voyez le Catalogue de l'œuvre gravé de ce grand peintre, par *Basan.*

785 — Vieille femme, un panier au bras, et tenant une chandelle à laquelle un jeune garçon vient allumer la sienne. — N° 46 des sujets particuliers (*).

Très-belle épreuve, bien conservée.

(*) *Basan* dit que cette estampe, attribuée mal à propos à *C. Visscher*, est certainement de *Rubens*, qui la grava lui-même à l'eau-forte, et la fit terminer par *Pontius* ou *Vorsterman* Nous ajouterons que l'estampe porte elle-même une preuve matérielle de l'importance que *Rubens* y attachait, puisqu'il en a été lui-même l'éditeur, ainsi que des planches gravées sur bois par *C. Jegher*, dont nous avons parlé à l'article de cet éminent graveur : Rubens, presque toujours admirablement gravé de son vivant, n'a fait cet honneur, à notre connaissance du moins, qu'aux planches gravées par Jegher, et à celle-ci, dont l'eau-forte est de sa main.

786 — La même estampe copiée par *Corneille Visscher*, et reproduite dans le sens opposé. — N° 47 des sujets particuliers.

Très-belle épreuve.

Jacques RUYSDAEL.

Voyez le Peintre-Graveur, tome I.

787 — Le Petit Pont. (1).

Très-belle épreuve.

788 — Les Voyageurs. (4).

Superbe épreuve d'un admirable paysage, *de la plus grande rareté.*

Nicolas RYCKMANS.

Voyez le *Catalogue des estampes gravées d'après Rubens*, rédigé par *Basan*.

789 — Jésus-Christ mis au tombeau — N° 108 des sujets du Nouveau-Testament.

Superbe épreuve.

Gilles SADELER.

790 L'Apparition de l'Ange aux Bergers, d'après le *Basan*.

Superbe épreuve.

791 — Portrait d'une dame vêtue magnifiquement et debout; sa main gauche est appuyée sur l'épaule d'un jeune nègre qui la considère avec étonnement : d'après *le Titien*.

Superbe épreuve tirée avant que la planche ait été diminuée en haut et sur le côté droit ; elle est avec le mot *uffel* sans e final au bout de la première ligne de l'inscription ; avec le mot *œpi*, qui a été remplacé par les mots *œri incisum* dans la troisième ligne, et avant le privilége et l'adresse de *Marc Sadeler*.

CHARLES VAN **SAVOYEN**.

792 — Son portrait, gravé à l'eau-forte par lui-même.

PIERRE **SNAYERS.**

793 — Portrait d'un peintre; il tient sa palette d'une main, et son pinceau de l'autre: à l'eau-forte.

DE **SON.**

794 — Portail de la cathédrale de Reims.

Superbe épreuve, avec une tache dans une partie blanche du ciel, à gauche, au-dessus des maisons de la ville.

THIERRY **STOOP.**

Voyez le Peintre-Graveur, tome IV.

795 — Cavalier sur un cheval au galop. — 1651. (1).

Très-belle épreuve du premier état, avec l'adresse de *Clément de Jonyhe.*

796 — Cheval attaché par son licol à un tronc d'ar-bre. (9).

Très-belle épreuve du premier état, avant le numéro.

JONAS **SUYDERHOEF.**

797 — Les Bourguemestres d'Amsterdam, d'après *T. Keiser.*

Très-belle épreuve. — Collection *Richard Holditch.*

798 — La Querelle des Joueurs, d'après *G. Terburg.*

Très-belle épreuve dont on ne peut préciser l'état, la marge du bas ayant été coupée, le long du trait carré.

799 — Les Joueurs de Trictrac, d'après *Adrien Van Ostade*

Belle épreuve avec l'adresse de *Nicolas Visscher*.

800 — René Descartes, d'après *Franc. Hals*.

Très-belle épreuve, avant l'inscription qui touche au trait carré, dans le haut de la planche, sur les épreuves postérieures. La marge inférieure est coupée fort près de l'inscription : *Renatus Descartes....... et philoso-phus*, en sorte que le nom de l'éditeur a disparu.—Coll. *Revil.* 1830.

801 - Daniel Heinsius, d'après *Merck*.

Très-belle épreuve avec l'adresse de *Corn. Bunheinningh.*

802 — Henri Goltzius.

Superbe épreuve avec l'adresse de *Soutman.*

803 — Jean-Sans-Peur, duc de Bourgogne, d'après le dessin de *P. Soutman*.

Superbe épreuve.

804 — Charles le Téméraire, duc de Bourgogne, d'après le dessin de *P. Soutman*.

Superbe épreuve.

805 — Philippe III, roi d'Espagne, d'après un dessin de *Soutman* qui a gravé les festons, guir-landes et autres ornements, autour de ce portrait et des trois qui précédent.

806 — Homme à moustaches, tête nue, d'après *V. de Geest*.

Belle épreuve signée *P. Mariette*, 1695.

807 — Godard de Rede.

Superbe épreuve du premier état, avant le nom du graveur et avant l'adresse. — Collection *Verstolk de Soëlen.*

Les portraits gravés par J. Suyderhoëf, d'après *Van Dyck*, se trouvent aux nᵒˢ 689 à 692.

HERMAN VAN SWANEVELT.

Voyez le Peintre-Graveur, tome II.

808 — Parte delle terme Antoniane. (*sic*)—1652. (55).
Hosteria a priema porta (58).

Vinnia Papa Julio in via Flaminia. (61).

Très-belles épreuves du premier état : les deux premières, qui sont sur la même feuille, ont de la marge.

Trois estampes.

809 — La Petite Cascade. (80).

Très-belle épreuve du premier état.

810 — Le Cardinal. (83).

Les Ruines en amphithéâtre. (84).

L'Hôpital. (87).

La Grotte de la Nymphe Égérie. (91).

Le Pain distribué aux pauvres. (93).

Très-belles épreuves du premier état.

Cinq estampes.

811 — La Fuite en Égypte. (98).

La Fuite en Égypte. (100).

Superbes épreuves du premier état.

Deux estampes.

812 — Saint Antoine l'Hermite. (108).

Superbe épreuve du premier état, avec une jolie marge.

Michel **SWEERTS.**

Voyez le Peintre-Graveur, tome IV.

813 — Portrait de Guillaume van der Borcht. (4).

Très-belle épreuve, malheureusement sans marges, et par conséquon privée de l'inscription : *Michael Sweerts Eq.* Pi. et *fe.*

Les David **TÉNIERS**, père et fils.

Voyez le Catalogue du Cabinet *Rigal* par *Regnault-Delalande.*

814 — La Fête flamande, composition de trentre-quatre figures. (1).

Très-belle épreuve du premier état, avec le trait carré légèrement tracé, et avant les travaux au burin. — Pièce capitale. — Coll. *Revil*, 1838.

815 — Paysan à table, tenant son verre d'une main,
et passant l'autre autour du cou d'une
femme assise à côté de lui. (13).

Très-belle épreuve.

816 — L'Ouïe et l'Odorat. (16 et 17).

Ces deux pièces, placées sur la même feuille, font partie de la suite des
Cinq Sens. — Épreuves légères et fines.

817 — Paysans qui tirent au blanc. (37).

Très-belle épreuve du premier état, avant l'adresse de *F. Van den
Wyngaerde.*

818 — La Danse au son de la musette. (39).

Très-rare et très-belle épreuve du premier état, avant l'adresse de
F. V. d. Wyngaerde.

JEAN VAN DE VELDE.

819 — L'Étoile des Rois, procession faite pendant la
nuit, d'après *P. de Molyn.*

Très-rare et très-belle épreuve du premier état, avant l'adresse de
J. Nic. Visscher.

ADRIEN VAN DE VELDE.

Voyez le Peintre-Graveur, tome I.

820 — La Vache couchée. — 1657. (2).
Les Trois Bœufs. (3).
Les Deux Vaches et le Mouton. (4).
Les Trois Vaches. (5).
Le Bœuf dans l'eau. (6).
Le Cheval. (7).
Le Veau. — 1659. (8).
Les Chiens. — 1657. (9).
Les Chèvres. (10).

Il ne manque que le numéro I de cette suite, pour la compléter.
Anciennes et belles épreuves, très-rares.
Neuf estampes.

Corneille **VERMEULEN**.

821 — Nicolas de Catinat, maréchal de France.

Superbe épreuve avec l'adresse du graveur.

822 — Olivier Cromwell.

Très-belle épreuve d'une fort bonne condition.

823 — Marie-Louise de Tassis, d'après *A. Van Dyck*.

Belle épreuve du chef-d'œuvre du graveur.

Le portrait de *Ign. J. Lespée*, gravé par *C. Vermeulen*, d'après *Van Dyck*, se trouve au n° 693.

Corneille de **VISSCHER**.

Voyez dans le Cabinet de l'Amateur, tome IV, le Catalogue raisonné des estampes qui forment l'œuvre de *C. Visscher*, précédé d'une notice sur ce grand artiste par M. *Eug. Piot*.

824 — La Bohémienne. (37).

Très-belle épreuve du troisième état, tirée avant que l'adresse de *Clément de Jonghe* ait été effacée : elle est signée *P. Mariette*, 1674, et *J.-G. Wille*, 1775. — (Le premier état, avant toutes lettres, est au musée Britannique.)

825 — Le Concert rustique, d'après *A. Brouwer*. (45).

Belle épreuve dont on ne peut constater l'état, la marge du bas étant coupée trop près de l'inscription. — Collection *Debois*.

826 — Le Pâtre traversant un gué. (55).

La Femme sur un âne et le paysan à pied. (56).

Ces deux estampes, qui portent les numéros 1 et 2, font partie d'une suite de quatre pièces d'après *N. Berghem*.

Très-belles épreuves du troisième état, avec l'adresse de *Nic. Visscher*. — Collection *Borduge*.

827 — Henderufus du Booys, d'après *A. Van Dyck*. (5).

Très-belle épreuve du troisième état.

828 — Helena Leonora de Sieveri, d'après *Van Dyck*. (6).

Superbe épreuve du second état, tirée avant que l'adresse de *Eduwart du Booys* ait été remplacée par celle de Cooper, et avant l'inscription : *è collectione.... Somers* — M. *Smith* a fait un premier état d'une épreuve avant la lettre, probablement unique. L'épreuve du premier état, dans la collection *Verstock de Soëlen*, était semblable à la nôtre.

829 — Vondel, célèbre poëte hollandais. (32).

Admirable épreuve du second état, avec une figure personnifiant *la Poésie,* en remplacement du *Faune.* — On lit, dans le Catalogue de la magnifique collection que nous venons de citer, que l'épreuve du premier état (avec le Faune) est extrêmement rare et peut-être *unique*.

Jean de VISSCHER.

830 — Berger assis près d'une clôture en paille, d'après *N. Berghem*. (8).

Voyez le Catalogue du Cabinet *Rigal* par *Regnault-Delalande*.

Superbe épreuve du premier état, avant que l'adresse de *Fr. de Widt* ait été remplacée par celle de *G. Walk*.

831 — Pâtre jouant de la musette. (26).

Berger passant un gué; son chien l'accompagne, et trois vaches le précédent. (27).

Deux estampes d'après *Berghem*.

Superbes épreuves du premier état, avant la lettre et avant les numéros. — Coll. *Borduge*.

832 — Ivrogne à côté d'une paysanne qu'il veut caresser; sujet connu sous le nom du *Tâtonneur*.

Très-belle épreuve, avec l'adresse de *Fr. de Widt*.

Lambert de VISSCHER.

833 — Jeune homme portant un chat, et lui pinçant l'oreille, d'après *J.-V. Loo*.

Très-belle épreuve du premier état, avant le trait carré renforcé au burin, et avant les vers qu'on lit dans la marge du bas, sur les épreuves postérieures.

G. DU VIVIER.

Voyez le Peintre-Graveur français, par M. *Robert-Dumesnil*, t. III (*).

834 — La Tentation de saint Antoine, d'après *Ant. Van Heuvel.* (3).

Superbe épreuve d'une pièce rare; elle est d'une conservation parfaite, avec une belle marge.

835 — Cuisine flamande, d'après *Ant. Van Heuvel.* (5).
Très-belle épreuve.

Lucas VORSTERMAN, LE VIEUX.

Voyez le *Catalogue des estampes gravées d'après Rubens*, pour les trois premiers morceaux.

836 — Chute des Anges rebelles. —1621. — N° 1 des sujets de l'Ancien-Testament.

Très-belle épreuve d'une pièce rare.

837 — La Nativité. — 1620. — N° 6 des sujets du Nouveau-Testament.

Très-belle épreuve d'une estampe rare; elle est avec l'adresse du graveur.

838 — La Descente de croix. – 1620. — N° 99 des sujets du Nouveau-Testament.

Épreuve du premier état, avant l'adresse de *Corn. Van Merlen,* d'une superbe estampe, très-rare, suivant *Basan.*

(*) *M. Robert Dumesnil* dit, dans son ouvrage, que la pointe de *G Du Vivier*, pleine de goût et d'effet, décèle un maître des Écoles Flamande ou Hollandaise, et qu'il n'a classé cet artiste parmi les nôtres, que par respect pour la mémoire de *l'abbé de Marolles,* qui avait placé *Du Vivier* dans l'École Française. Tout en nous inclinant devant une pareille autorité, nous ne pouvons nous empêcher de replacer *G. Du Vivier* au milieu des siens.

839 — Le Christ pleuré par la sainte Vierge et les Anges, d'après le tableau de *Van Dyck*, qui est exposé au musée du Louvre.

Très-belle et très-rare épreuve du premier état, avant le mot *excudit* placé à la suite du nom du graveur, et avant la troisième ligne : *Per illustri*, etc..... — Coll. *Ed. Durand.*

840 — La Sainte Famille, dite *la Perle*, d'après le tableau de *Raphaël*, qui est en Espagne.

Très-belle épreuve du premier état, avant le nom du graveur.

841 — Le Christ mis au tombeau, d'après un dessin de *Raphaël* qui faisait partie de la collection du comte *d'Arundel*. — 1628.

Très-belle épreuve.

842 — Saint Georges, d'après le tableau de *Raphaël*, exposé au Musée du Louvre. — 1627.

Superbe épreuve.

843 — François de Malherbe, d'après *D. Du Moustier.*

Très-belle épreuve du premier état, avant les contre-tailles sur l'habit.

844 — Thomas Morus, d'après *Holbein.*
Superbe épreuve.

845 — Thomas Howard, duc de Norfolk, d'après *Holbein.*

Superbe épreuve. — Coll. *Denon.*

846 — Nicolas Lanier, musicien attaché à la cour de Charles Ier, d'après *J. Livens.*

Très-belle épreuve, avec l'adresse de *Van den Enden.*

847 — Charles, duc de Bourbon, d'après *le Titien.*
Superbe épreuve.

848 — Le comte et la comtesse d'Arundel, d'après
A. Van Dyck.

Superbe épreuve d'une pièce *très-rare*, suivant *Weber ;* elle est signée
P. Mariette, 1669, au verso.

N. B. Huit autres portraits, gravés par *L. Vorsterman* le vieux, d'a-
près *Van Dyck*, sont placés dans les différentes classes auxquelles ils
appartiennent. (Voyez les nᵒˢ 608 à 625, 634 à 636, 664 à 668, et le
nᵒ 694.)

Antoine **WATERLOO.**

Voyez le Peintre-Graveur, tome II.

849 — Les Deux Ponts en pierre. (101).

Très-belle épreuve d'une charmante pièce qui est *rare*.

850 — Le Moulin. (119).

Belle épreuve d'un des morceaux les plus *rares* de l'œuvre de *Waterloo,* suivant *Bartsch.*

851 — Alphée et Aréthuse. (125).

Très-belle épreuve.

Conrad **WAUMANS.**

852 — Jean Both, dit *Both d'Italie*, d'après *Abr. Willers.*

Très-belle épreuve, avec l'adresse de *J. Meyssens.*

N. B. Quatre autres portraits, gravés par *C. Waumans* d'après *Van
Dyck*, sont placés dans la troisième classe des portraits d'après ce peintre. (Voyez les nᵒˢ 646 à 649.)

Antoine **WIERX** ou **WIERIX.**

853 — Philippe-Emmanuel de Lorraine duc de Mer-
cœur.

Épreuve d'une grande finesse, avec l'adresse du graveur : elle est signée, au verso, *P. Mariette*, 1674.

Jean **WITDOECK.**

Voyez le Catalogue de l'œuvre gravé de *Rubens*, par *Basan*

854 — L'Adoration des Rois. — 1638. — Nᵒ 18 des
sujets du Nouveau-Testament.

Très-belle épreuve d'une pièce *rare* et *belle*, selon *Basan.*

855 — Jésus-Christ au tombeau. — N° 106 des sujets du Nouveau Testament.

Très-belle épreuve, avec l'adresse du graveur, d'un morceau que *Basan* cite comme *beau* et *rare*.

856 — L'Assomption. — 16?9. — N° 8 des sujets de vierges.

Superbe épreuve du premier état, avant l'adresse de *Corn. Van Merlen.* — *Belle* et *rare*, suivant *Basan*.

857 — La Sainte Famille. — N° 50 des sujets de vierges.

Très-belle épreuve du premier état, avant l'adresse de *Jac. Moermans :* elle est signée, au verso, *P. Mariette*, 1671. — Citée par *Basan* comme *belle* et *rare*.

Thomas WYCK.

858 — La Malle entr'ouverte. (22).

Superbe épreuve, signée, au verso, *P. Mariette*, 1671. — Cette belle pièce, que *Bartsch* n'a pas décrite, se trouve dans le Catalogue du cabinet *Rigal*, au n° 32 de l'œuvre du maître.

François van den WYNGAERDE.

Voyez le *Catalogue des estampes gravées d'après Rubens*, rédigé par *Basan*.

859 — Bacchanale. — N° 53 des sujets de la fable.

Superbe épreuve d'un morceau que *Basan* qualifie de *beau* et *rare*.

Reinier Nooms, dit ZEEMAN.

Voyez le Peintre-Graveur, tome v.

860 — Deux Marines. (73 et 74).

Très-belles épreuves de deux pièces qui portent les n°s 11 et 12 dans une suite de différents navires d'Amsterdam.

ÉCOLE FRANÇAISE

JEAN-LOUIS ANSELIN.

861 — La Marquise *de Pompadour*, d'après *C. van Loo*.

Très-belle épreuve avant la lettre, seulement avec les noms des artistes, à la pointe.

GÉRARD AUDRAN.

862 — Le Buisson ardent, d'après *Raphaël*.

Superbe épreuve du premier état avant la lettre, seulement les noms d'auteurs.

863 — La Femme adultère, d'après le tableau de *N. Poussin*, exposé dans la galerie du Louvre.

Superbe épreuve avant les points dans la marge, à droite; elle est d'une fraîcheur et d'une conservation parfaites.

864. Jésus-Christ remettant les clefs à saint Pierre. Saint Paul prêchant.

Anciennes et belles épreuves de deux petites pièces d'après *Raphaël*.

865 — La Vierge au rosaire, d'après le tableau du *Dominiquin*, qui fait partie de la galerie de Bologne.

Très-belle épreuve.

866 — Le Martyre de sainte Agnès, d'après le tableau du *Dominiquin*, placé dans la galerie de Bologne.

Très-belle et très-ancienne épreuve, d'une parfaite conservation, comme le morceau précédent.

867 — Le Martyre de saint Étienne, d'après le tableau de *Le Brun*, qu'on voit au Louvre.

Bonne épreuve.

868 — La Mort de saint François, d'après *An. Carrache.*

Très-belle épreuve, avant l'adresse des deux Piliers-d'Or, et avant que le nom du graveur ait été placé à la suite de l'inscription : *Hannibal Carrache pinxit.*

869 — Le Martyre de saint Laurent, d'après *E. Le Sueur.*

Très-belle épreuve du premier état, avec le nuage blanc auprès de l'aile droite de l'ange le plus rapproché de la statue.

870 — Saint Paul et Saint Barnabé à Lystre, d'après le célèbre carton de *Raphaël*, qui est à Hamptoncourt.

Superbe épreuve de premier état, avant toutes lettres.

871 — Le Martyre de saint Sébastien, d'après *An. Carrache.*

Superbe épreuve du premier état, avant toutes lettres ; elle a de belles marges.

872 — La Tentation d'un Saint, d'après *le Dominiquin.*
Superbe épreuve du premier état, avant toutes lettres.

873 — Achille découvert par Ulysse, d'après *An. Carrache.*

Très-belle épreuve du premier état, avant la lettre.

874 — Le Pape *Clément IX.*
Fort belle épreuve,

Benoit AUDRAN.

875 — La Maladie d'Alexandre, d'après *E. Le Sueur.*
Très-belle épreuve.

(absente)

876 — Le Rendez-vous, d'après *A. Watteau.*

Belle épreuve, avec de grandes marges.

JEAN-JOSEPH BALÉCHOU.

877 — Le Brave Crillon, d'après *A. Van Dyck*, selon
Regnault-Delalande.

Très-jolie épreuve.

SÉBASTIEN BARRAS.

Voyez le Peintre-Graveur français, par M. *Robert-Dumesnil,* tome IV.

878 — Lazare Maharkysjus, médecin d'Anvers, d'a-
près *Van Dyck.* (34).

Très-belle épreuve d'un fort beau portrait.

JACQUES-FIRMIN BEAUVARLET.

879 — Madame la comtesse Du Barry, d'après *Drouais.*

Superbe épreuve avant la lettre, avec toute sa marge.

SAMUEL BERNARD.

Voyez le Peintre-Graveur français, tome VI.

880 — Louis Du Guernier, peintre. (1).

Belle épreuve du second état.

881 — Hautmann, musicien. (2).

Très-belle épreuve du premier état, avant la lettre. — *Très-rare.*

CHARLES-CLÉMENT BERVIC.

882 — Charles Linné, d'après *Roslin.* — 1779.

Très-belle épreuve sur laquelle on lit très-distinctement, au-dessus de
la bordure du portrait, à gauche en haut, l'inscription suivante gravée
à la pointe : 2eme. Pche, 1779. — Superbe marge.

883 — Le comte de Vergennes, d'après le dessin du
graveur. — 1780.

Très-belle épreuve.

Jean-Jacques de **BOISSIEU**.

Voyez le *Catalogue de la Collection d'Estampes* de M. *F. Van den Zande*, rédigé par *F. Guichardot*.

884 — Les Moines au chœur, chantant l'office. — 1795. (6).

Rare et très-belle épreuve, tirée avant que les morsures des étaux, dans la marge, aient été effacées.

885 — L'Hermitage. — 1793. (11).

Fort belle épreuve à grandes marges.

886 — Le Petit maître d'école. — 1770. (18).

Très-belle et très-rare épreuve d'eau-forte pure, avant le second point, à la suite du monogramme du graveur.

887 — Vue du temple du Soleil, de l'arc de Titus, etc. — 1773. (32).

Très-belle épreuve, avec les initiales du graveur seulement, les autres lettres de son nom ayant été grattées; mais elle est avant que les armes et la dédicace n'aient été effacées.

888 — Vue d'Aqua-Pendente. — 1773. (33).

Deux épreuves, la première avant les travaux à la roulette, et la seconde poussée à un grand effet avec la roulette.

889 — Vue du temple de Vesta. — 1774. (34).

Bonne épreuve d'un ancien tirage.

890 — Vue du tombeau de Cécilia Metella. — 1780. (35).

Très-belle épreuve, tirée avant que le titre, les armes et la dédicace à M. le duc de La Rochefoucauld n'aient été effacés.

891 — Vue du pont Lucano. — 1772. (36).

Rare et très-belle épreuve sur laquelle le titre de pair de France a remplacé un autre titre dans la dédicace; mais avant l'initiale du nom du graveur.

892 — Vue de l'Isle-Barbe, sur la Saône. — 1808
(37)

Rare et très-belle épreuve avant le titre gravé au burin, et l'adresse de *Frauenholz*.

893 — Vue du pont et du château de Sainte-Colombe.
— 1800. (39).

Très-belle épreuve, avec de grandes marges.

894 — Vue de l'Arbresle-en-Lyonnais. — 1793. (40).

Belle épreuve, tirée avant que les ombres n'aient été rentrées au burin.

895 — Des villageois se reposant au coin d'un bois,
près d'une femme qui fait manger un enfant. — 1803. (59).

Très-belle épreuve.

896 - Le Passage du gué. — 1800. (61).

Très-belle épreuve, avec de grandes marges.

897 — Le Paysage au dessinateur. — 1796. (83).

Très-belle épreuve, avec de jolies marges.

898 — Autre Paysage, faisant pendant au précédent.
— 1796. (64).

Rare et belle épreuve, tirée avant que la morsure de l'étau, au coin
droit supérieur, n'ait été effacée.

899 — Vieille chapelle entourée d'arbres. — 1799.
(65).

Très-belle épreuve.

900 — La Digue, pendant du morceau précédent. —
1799. (66).

Rare et très-belle épreuve, tirée avant que les morsures de l'étau
n'aient été effacées.

901 — Vieux château délabré où est un cabaret. —
1807. (67).

Rare et très-belle épreuve, tirée avant l'adresse de *Frauenholz*.

902 — Paysage où est une baraque en planches et
en paille. — 1803. (75).

Très-rare et superbe épreuve, avec le trait carré légèrement exprimé.

903 — Les Petites laveuses. — 1773. (82).

Très-rare et superbe épreuve, tirée avant que la morsure de l'étau,
dans l'angle gauche inférieur, n'ait été effacée.

904 — Buste d'homme vu de trois quarts, d'après
Van Dyck. — 1770. (126).

Très-belle épreuve, avant le second point, à la suite du monogramme.

905 — Villageois prêt à passer un gué, d'après *Berghem.* — 1803. (131).

Très-belle épreuve.

906 — Petit paysage montagneux, d'après *Berghem.*
(132).

Très-belle épreuve.

907 — Le Moulin, de *Ruisdaël.* — 1774. (136).
Très-belle épreuve.

908 — Pays coupé par un chemin, où un homme se
repose, d'après *J. Ruisdaël.* (137).

Très-rare et superbe épreuve, tirée avant l'astérique, à la suite du
monogramme du maître.

909 — Un pâtre et un taureau traversant une rivière,
d'après *J. Ruisdaël.* — 1772. (138).

Très-belle épreuve, avec de grandes marges.

910 — Le Repos des faucheurs, d'après *A. Van de
Velde.* — 1795. (139).

Belle épreuve, un peu trop rognée en haut, dans toute la largeur de
l'estampe.

Abraham **BOSSE.**

Voyez le *Manuel de l'amateur d'estampes*, par M. *Ch. Le Blanc.*

911 — L'Enfant prodigue dans une maison de débau-
che. *Dans ces lieux où Vénus....* (77).

Épreuve du second état, sur laquelle le nom de l'éditeur Leblond, qui précédait le mot *excud.*, a disparu.

912 — Les Vierges folles. *Oh! qu'une âme a de mal....*
(90).

Très-belle épreuve du premier état, avec l'adresse de Leblond.

913 — L'Adolescence. *Ces amans en l'adolescence....*
(558).

Très-belle épreuve du premier état, avec l'adresse de Leblond.

914 — Le Toucher. — Un homme caresse une courtisane. (565).

Très-belle épreuve, avec l'adresse de M^{or} Tavernier.

915 — *Éloges et discours sur la triomphante réception
du roi* (Louis XIII) *en sa ville de Paris, après
la reddition de La Rochelle. Paris, Pierre Ro-
colet, 1629, petit in-folio.*

Très-bel exemplaire réglé, dans sa reliure du temps, en parchemin avec filets d'or, etc.; tranches dorées. Ce beau volume est enrichi de seize planches gravées par *Abr. Bosse* : la première représente le pré-vôt des marchands et les échevins de Paris haranguant le roi. (On a collé une bande de papier sur l'inscription placée au-dessous du sujet.) Pour les suivantes, voyez l'ouvrage de M. *Ch. Le Blanc*, qui en donne l'explication (683 à 698).

916 — Cérémonie observée au contrat de mariage
passé à Fontainebleau entre le roi de Pologne, *Vladislas IV,* et *L. M. de Gonzague,*
le 25 septembre 1645. (718).

Très-belle épreuve.

917 — Un Sculpteur dans son atelier. — 1642. (742)

Superbe épreuve, avec de belles marges.

918 — Une Assemblée de dames et de cavaliers dans une salle de bal. (771).

Superbe épreuve du premier état, avant les vers.

919 Le Branle où la nouvelle mariée est menée par le seigneur de village. (773).

Fort belle épreuve du premier état, avec une jolie marge.

François **BOUCHER.**

920 — Jeune fille assise au pied d'un mur ; près d'elle un enfant. — 1756.

La Troupe italienne, d'après *Ant. Watteau.*

Très-belle épreuve, avec grandes marges.
Deux estampes.

Sébastien **BOURDON.**

Voyez le Peintre-Graveur français, tome I.

921 — La Vierge à l'oiseau. (21).

Belle épreuve du premier état.

René **BOYVIN.**

Voyez le Peintre-Graveur français, tome VIII.

922 — Le Vieux Silène, d'après *Lucas Penni.* (28).

Très-belle épreuve.

923 — Les Amours de Jupiter et d'Antiope, d'après *L. Penni.* (71).

Très-belle épreuve.

Jean **BULLANT** ?

PIÈCE INÉDITE.

924 — Vase à deux anses formées par des serpents entrelacés. — De forme ovoïdale, il est orné d'un bas-relief représentant un homme à barbe, nu et placé entre deux jeunes femmes à moitié vêtues, dont les bras passent dans ceux de l'homme. Sur les deux faces latérales, sont deux figures de femmes entièrement nues : un groupe de trois Chimères, à bustes de femmes avec des griffes de lion, sert de pied au vase, au-dessous duquel on lit l'inscription manuscrite suivante : *A moi donné par mon cousin Jehan Bullant, 1546.* (*)

H. 182 mm. L. 107 mm.

Jacques CALLOT.

925 -- Les Supplices.

Admirable épreuve du premier état : on y distingue parfaitement, à l'angle d'une rue, dans le fond, un peu à droite, la statue de la Vierge placée dans une niche, et derrière les maisons, dans le fond également, vers la gauche, une tour carrée.

Laurent CARS.

926 — Mademoiselle Camargo, d'après *N. Lancret.*

Belle épreuve, avec l'adresse du graveur.

Louis de CHATILLON.

927 — Léda, d'après *N. Poussin.*

Belle épreuve, avant le titre de l'estampe.

(*) M. *Robert-Dumesnil*, qui n'a pu rencontrer qu'une seule pièce gravée sur cuivre par *Jean Bullant* (deux chapiteaux sur la même planche, dit en parlant d'elle : « Exécutée d'une pointe timide, elle est plus curieuse que satisfaisante. » Notre vase, au contraire, indépendamment des qualités de style qu'on y remarquera, est exécuté avec la puissance et la facilité d'un maître qui n'en est pas à son coup d'essai. Bien qu'il ait été donné par *J. Bullant* à son cousin, il pourrait cependant n'être pas de la main de ce grand artiste. Mais alors de qui peut-il être ? Ses contemporains, *E. Delaulne*, *R. Boyvin*, ont une manière de graver si connue qu'il n'est guère possible de se tromper, quand leurs ouvrages tombent sous les yeux, et nous ne voyons pas d'autres graveurs auxquels on puisse penser, quand on regarde le vase. Ainsi que nous l'avons dit précédemment, à l'occasion de l'eau-forte pure du portrait de *Stevens*, nous nous en rapporterons au jugement du public.

François **CHAUVEAU**.

928 — L'Adoration des Bergers, d'après le tableau de *Jules Romain*, qui est placé dans la galerie du Louvre.

929 — La Mise au tombeau, d'après le tableau du *Titien*, qu'on admire au Louvre.

Superbe épreuve.

François **CHÉREAU**.

930 — Nicolas Boileau-Despréaux, d'après *H. Rigaud*.

Belle épreuve.

Jacques **CHÉREAU**.

931 — Madame de Sévigné.

Charmante épreuve d'une grande finesse.

Louis **CHÉRON**.

Voyez le Peintre-Graveur français, tome III.

932 — Le Boiteux guéri. (27).

Belle épreuve du second état.

Charles-Nicolas **COCHIN**.

933 — La Mariée de village, d'après *A. Watteau*.

Très-belle et très-rare épreuve de l'eau-forte, avant toute adresse.

934 — La même estampe terminée.

Très-belle épreuve avec l'adresse de *F. Chéreau*.

935 — L'Amour au Théâtre-Italien, d'après *A. Watteau*.

Belle épreuve avec l'adresse de la *veuve Chéreau*.

Michel-Ange **CORNEILLE**.

Voyez le Peintre-Graveur français, tome VI.

936 — La sainte Vierge offrant l'enfant Jésus à l'adoration du petit saint Jean, d'après un tableau du maître. (14).

Épreuve du quatrième état.

Jean-Baptiste **CORNEILLE**.

Voyez le Peintre-Graveur français, tome VL.

937 — La Chaste Suzanne, d'après *An. Carrache*. (5).

Rare et très-belle épreuve du premier état, avant l'adresse de *P. Mariette*.

Jacques **COURTOIS**, dit le **BOURGUIGNON**.

Voyez le Peintre-Graveur français, tome I.

938 — Le Combat au pied de la tour. (9).

Très-belle épreuve d'un morceau rare.

Jean **COUSIN**.

Voyez le Manuel de l'amateur d'estampes.

939 — Le Christ mis au tombeau.

Très-belle épreuve d'une pièce extrêmement rare, signée en toutes lettres par le peintre.

Noel **COYPEL**.

Voyez le Peintre-Graveur français, tome II.

940 — La Vierge et l'enfant Jésus. (1).

Superbe épreuve du premier état, avant toute lettre.

Antoine **COYPEL**.

Voyez le Peintre-Graveur français, tome II.

941 — Bacchus et Ariane. — 1693. (9).

Superbe épreuve du premier état avant toutes lettres, et avant que le bord de la planche n'ait été coupé, au milieu de la terrasse, par l'écusson des armes de *Monsieur*, frère du roi.

942 — La même estampe.

Belle épreuve du second état.

943 — Pan vaincu par les Amours. — 1692. (10).

Épreuve du second état.

Jean **DARET**.

944 — Satyre blessé d'une flèche par Diane, d'après *le Titien*.

Belle épreuve d'une pièce très-rare; elle porte l'adresse de *F. Bourlier* *.

(*) Cette pièce, qui ne se trouve pas au nom de *J. Daret* dans le *Peintre-Graveur français*, vient d'être cataloguée récemment, à l'occasion d'une vente d'estampes provenant de la collection de M. R. D., et elle est attribuée à *J. Daret* par le savant calcographe.

Pierre **DARET**.

945 —- Tristan l'Hermite, d'après *Du Guernier*. — 1648.

Belle épreuve.

Jean **DAULLÉ**.

946 — Femme assise, tenant un verre d'une main, un pot de l'autre ; morceau connu sous le nom de *la Riboteuse hollandaise*, d'après le tableau de *G. Metzu*, qui est exposé dans la galerie du Louvre.

Épreuve avant toute lettre.

947 — Madame Favart dans le rôle de *Bastienne*, d'après *C. Van Loo*. —- 1754.

Belle épreuve avec l'adresse du graveur.

948 — Catherine Mignard, comtesse de Feuquière, tenant le portrait de son père, d'après *P. Mignard*. --- 1735.

Belle épreuve avec l'adresse du graveur.

949 — Louis XV, d'après *H. Rigaud*. — 1737.

Très-belle épreuve, sans aucune adresse.

950 — J.-Fr. de Chastenet, marquis de Puységur, maréchal de France, d'après *Tournière*. — 1748.

Superbe épreuve, avant toute lettre, avec une belle marge.

Étienne **DELAULNE**.

951 — Satyres et Centaures voulant enlever des Nymphes défendues par des guerriers ; morceau en forme de frise.

Superbe épreuve.

952 — Copie, en petit et en contre-partie, de l'estampe de *Marc-Antoine* représentant Trajan couronné par la Victoire.

Voyez le numéro 340.

Copie, également en contre-partie, de Trajan combattant les Daces, estampe de *Marc de Ravenne*.

Superbes épreuves.
Deux estampes.

Nicolas **DE LAUNAY.**

953 — La Partie de plaisir, d'après *J. Weenix.*

Très-belle épreuve sur laquelle le titre est en lettres légèrement tracées; tout le reste de la marge, de chaque côté des armoiries, est resté en blanc.

Thomas **DE LEU**.

954 — Antoine Caron. — 1599.

Très-belle épreuve.

955 — Habicot, d'après *Daniel Du Monstier.*

Superbe épreuve.

956 — Charles, duc de Lorraine.

Épreuve d'une grande finesse, avec l'adresse du graveur : elle est signée deux fois *P. Mariette*, 1667.

957 — Marie de Médicis, assise sur le trône, tenant d'une main l'épée, et de l'autre la balance. Deux anges relèvent les rideaux drapés au-dessus du trône. D'après *Fournier.*

Admirable épreuve de la conservation la plus parfaite.

Dominique-Vivant **DENON**

Voyez le Manuel de l'amateur d'estampes.

958 — Le Départ pour le sabbat, d'après *D. Teniers.* (12).

Très-belle épreuve.

959 — La Chasse au sanglier, d'après *Fr. Snyders.*
(13).

Très-rare épreuve avant le ciel.

960 — Le Taureau, d'après le tableau de *P. Potter,*
qu'on admire dans la galerie de La Haye.
(14).

Très-belle épreuve avant la lettre, avec toute sa marge.

NICOLAS **DORIGNY.**

961 — La Descente de croix, d'après le tableau de
Daniel de Volterre, qu'on voit à Rome dans
l'église de la Trinité-du-Mont.

Très-belle épreuve, avant le mot *Eques,* placé à la suite du nom du
graveur sur les épreuves postérieures. — 1710.

PIERRE **DREVET,** PÈRE.

962 — Nicolas Boileau-Despréaux, d'après *H. Rigaud.*
Très-belle épreuve avant la lettre.

963 — André Félibien, d'après *Ch. Lebrun.*
Belle épreuve.

PIERRE-IMBERT **DREVET,** FILS (*).

964 — N. Boileau Despréaux, d'après *Fr. de Troy.*
Très-belle épreuve.

965 — Fr. de Salignac de La Mothe-Fénelon, d'après
le portrait peint par *J. Vivien,* qui est exposé au Louvre.

Superbe épreuve d'une parfaite conservation. — Collection *Revil,*
1830.

(*) Nous possédions une magnifique épreuve du portrait en pied de *Bossuet,*
d'après *H. Rigaud,* d'un premier état *inédit et unique,* et nous l'avons offert, il a
quelques années, au Cabinet des estampes de la Bibliothèque Impériale, où sa
place était marquée, pour être bien certain que le chef-d'œuvre de *Drevet* ne quit-
terait pas le pays où il est né. M. Simon, avant nous, avait fait accepter, au même
établissement, une admirable épreuve de l'un des chefs-d'œuvre de *Marc-Antoine,*
et nous nous sommes empressés de suivre l'exemple qu'il nous avait donné.

966 — Louis, duc d'Orléans, d'après *Ch. Coypel.*

Superbe épreuve, tirée avant l'inscription : *Louis, duc d'Orléans, fils du régent*, etc. — Avec de grandes marges.

967 — Louise-Adélaïde d'Orléans, abbesse de Chelles, d'après *Gobert.*

Très-belle épreuve, fort bien conservée.

968 — M. de Rancé, abbé et réformateur de la Trappe, d'après *H. Rigaud.*

Belle épreuve.

GASPARD DUCHANGE.

969 — Jupiter et Io, d'après *le Corrége.* — 1705.

Superbe épreuve, avant toutes lettres.

GEOFFROY DUMONSTIER.

Voyez le Peintre-Graveur français, tome v.

970 — La Nativité (5).

Fort belle épreuve d'une pièce extrêmement rare.

DUPUIS.

971 — L'occupation selon l'âge, d'après *A. Watteau.*

Superbe épreuve avant toutes lettres.

GÉRARD ÉDELINCK.

Voyez le Peintre-Graveur français, tome vii.

972 — Sainte Famille, d'après le tableau de *Raphaël,* qu'on admire au Louvre. (4).

Rare et superbe épreuve du second état, avant les armes de *Colbert.* — Collection *Revil*, 1830. Le célèbre graveur *Bervic* avait possédé cette même épreuve avant *M. Revil.*

973 — Combat de quatre cavaliers, d'après *Léonard de Vinci.* (44).

Belle épreuve du second état, avant la retouche.

974 — Antoine Arnauld, d'après *Ph. de Champaigne*.
(140).
Belle épreuve du premier état.

975 — J.-B. Bossuet, évêque de Meaux , d'après *H.
Rigaud*. (156).
Belle épreuve du premier état.

976 – Jean Curvo Semmedo, médecin, d'après *F. da
Costa*. (176).
Très-belle épreuve, avec de grandes marges.

977 — John Dryden, d'après *Kneller*. (187).
Superbe épreuve du second état, avec une assez belle marge.

978 — Ferdinand, évêque de Paderborn, d'après *Mi-
chelin*. (202).
Très-belle épreuve du premier état.

979 — Esprit Fléchier, évêque de Nîmes , d'après
H. Rigaud. (205).
Très-belle épreuve, avec une jolie marge.

980 — Évariste Gherardi (Arlequin), d'après *J. Vivien*. (214).
Épreuve du second état.

981 — Charles Gobinet, d'après Largillière. — 1691.
(215).
Superbe épreuve, très-bien conservée.

982 — J. Herauld de Gourville, d'après *H. Rigaud*.
(218).
Belle épreuve.

983 — Madame Hélyot, d'après *Jac. Galliot*. (223).
Superbe épreuve du second état. (Il y en a quatre.)

984 — Chrétien Huyghens. (225).
Très-belle épreuve du premier état.

985 — J.-J. Keller, d'après *Largillière*. (229).

Très-belle épreuve, avec l'inscription : *J.-J. Keller, commissaire*, etc.

986 — Ch. Maurice Le Tellier, d'après *P. Mignard*. — 1692. (245).

Très-belle épreuve du second état.

987 — Louis XIV. (248).

Superbe épreuve du premier état , avant toute lettre.

988 — Madame de Miramion, d'après *de Troy*. (276).

Très-belle épreuve.

989 — Blaise Pascal. (290).

Très-belle épreuve.

990 — Raimond Poisson, comédien, d'après *J. Netscher*. — 1682. (299).

Belle épreuve du troisième état, avant l'adresse de *J. Audran*.

991 — Jean Racine. (302).

Superbe épreuve du premier état.

992 — Saint Évremond. (306).

Très-belle épreuve, un peu trop rognée.

Nicolas ÉDELINCK.

993 — La Marquise de Sévigné, d'après un pastel de *Nanteuil*.

Louis FERDINAND.

994 — Sainte Potantienne, d'après *le Corrège*.

Très-belle épreuve, avec l'adresse de *P. Ferdinand*.

Portrait d'une jeune femme, d'après *Van Dyck*.

Voyez le Catalogue de la vente *Alibert*.
Deux estampes.

Étienne **FICQUET.**

995 — N. Boileau-Despréaux, d'après *H. Rigaud*.

Très-rare et très-belle épreuve, tirée avant que la planche n'ait été terminée; d'une condition parfaite. — Collection *Revil*, 1830.

996 — Pierre Corneille, d'après *Ch. Lebrun*.

Superbe épreuve avant la lettre, et sur laquelle le cadre, tenu par un génie, est entièrement blanc, à l'exception d'une ombre portée. — D'une conservation parfaite. — Collection *Revil*, 1830.

997 — Jean de La Fontaine, d'après *H. Rigaud*. Ce portrait a été gravé pour une édition des *Fables*.

Très-belle épreuve, tirée avant la planche entièrement terminée, dite *au ruisseau blanc*, dans cet état. — Collection *Revil*, 1830.

998 — Jean de La Fontaine, d'après *H. Rigaud*. Cet autre portrait a été gravé pour une édition des *Contes*.

Superbe épreuve, du premier état, et de la plus grande rareté : il est avant les filets qui encadrent toute la planche, et avant que l'inscription: *Jean de La Fontaine*, etc., n'ait été enlevée pour rendre à la console de support sa blancheur primitive, et pouvoir faire un tirage d'épreuves *avant la lettre*, après la pose des filets. Les épreuves *avec la lettre* ont été tirées avec une inscription pareille à celle de notre état, mais tracée avec des caractères bien différents. — Collection *Revil*, 1830.

999 — Poquelin de Molière, d'après *Coypel*.

Rare et belle épreuve avant la lettre, d'une parfaite conservation.

1000 — Jean-François Regnard, d'après *H. Rigaud*.

Rare et fort belle épreuve avant la lettre, avec de jolies marges.

1001 — Jean-Jacques Rousseau, d'après *de La Tour*.

Très-belle épreuve avant la lettre.

Léonard **GAULTIER.**

1002 — Le Jugement dernier, d'après *Michel-Ange*.

Superbe épreuve, avant l'adresse de *P. Mariette*, sur la pierre carrée placée près de l'angle à gauche, au bas de la planche.

1003 — Pierre de Besse. — 1618.

Très-belle épreuve, signée *P. Mariette*, 1662, au verso.

1004 — Henri IV. — *Ce grand Roy que tu voys*, etc.

Très-belle épreuve, mais renmargée; elle a besoin de deux petites restaurations dans les angles supérieur et inférieur, du côté droit.

1005 — Étienne Pasquier. — 1617.

Bonne épreuve, mais avec la table des chapitres du livre pour lequel le portrait a été gravé : cette table est placée au verso.

1006 — Étienne Pasquier. — 1617.

Superbe épreuve tirée d'une planche sur laquelle *L. Gaultier* a reproduit en petit le portrait précédent; elle est avant que l'inscription latine n'ait été remplacée par une inscription en français.

Claude GELLÉE, dit Claude LE LORRAIN.

Voyez le Peintre-Graveur français, tome I.

1007 — La Danse au bord de l'eau. (6).

Superbe épreuve du second état, avec le nº 2. Les bords de la planche sont très-raboteux.

1008 — Le Port de mer à la grosse tour. (13).

Très-belle épreuve du second état, d'une parfaite conservation. Belles marges.

1009 — Le Soleil couchant. (15).

Belle et rare épreuve du troisième état, avant le millésime. (Il y a cinq états de cette planche.)

1010 — Le Campo Vaccino. — 1636. (23).

Superbe épreuve avant la lettre, du quatrième état (*). — Coll. *Revil*. 1838.

1011 — Belle contre-épreuve de la même estampe, avec la lettre.

(*) A l'occasion de ce chef-d'œuvre, il n'est peut-être pas inutile de dire que les épreuves des quatre premiers états ne sont que des *épreuves d'essai* rarissimes, et que s'il était possible de les rassembler, on serait étonné de leur petit nombre.

1012 — Les Quatre Chèvres. (27).

Très-belle épreuve, dont les marges sont trop minimes pour qu'il soit possible de préciser son état.

JEAN-BAPTISTE GRATELOUP.

1013 — Montesquieu, d'après *Dassier*.

Très-belle épreuve avec de grandes marges et d'une parfaite conservation.

JEAN-MICHEL GROBON.

1014 — Vue de Saint-Rambert, à une lieue de Lyon.
Très-belle épreuve avec toute sa marge.

1015 — Intérieur de la forêt de Roche-Cardon, près de Lyon.

Très-rare et superbe épreuve, avant la lettre, tirée sur papier de la Chine.

1016 — Vue de l'île Barbe, à une lieue de Lyon.

Superbe épreuve imprimée sur papier de la Chine; elle a de grandes marges.

HABERT.

1017 — J.-B. Poquelin de Molière.
Belle épreuve avec l'adresse du graveur.

BENOÎT-LOUIS HENRIQUEZ.

1018 — Jeune femme lisant une lettre en présence d'un jeune homme qui semble attendre la réponse, d'après *G. Terburg*. — 1773 (*).

Superbe épreuve, avant la lettre; les noms des artistes sont gravés à la pointe, et les armes de la maison d'Autriche sont placées au milieu de la marge, en bas.

(*) Nous ne pouvons donner à cette estampe le titre qu'elle doit avoir, par la raison que nous n'en avons jamais vu d'autre épreuve que celle-ci, et sa rareté tient, sans doute, à ce qu'elle a été gravée en Russie. Nous appelons l'attention des amateurs sur ce beau morceau qui rend si bien la couleur de Terburg, et qui aurait dû faire un nom à son auteur.

Edme **JEAURAT.**

4.50 1019 — Nymphes au bain, d'après *N. Poussin.*

Michel **LASNE.**

2. 1020 — Nicolas Brulart de Sillery, chancelier de France.

Très-belle épreuve, avec l'adresse de *Mariette.*

7.50 1021 — Abel Bruyner, médecin de Gaston duc d'Orléans, d'après *Van Dyck.*

Très-belle épreuve d'un portrait rare, suivant *Weber.* (Voyez son Catalogue de l'œuvre de *Van Dyck.*) Elle est signée *P. Mariette,* 1675, au verso.

7. 1022 — Antoine de Loménie, secrétaire d'État, d'après *Ferdinand.* — 1637.

Très-belle épreuve.

10. 1023 — Marc-Antoine Lumague, banquier, d'après *Van Dyck.*

Superbe épreuve d'un portrait que *Weber* dit rare.

7. 1024 — Michel de Marillac, chancelier de France.
Superbe épreuve.

8. 1025 — Louis de Marillac, maréchal de France.

Très-belle épreuve. L'angle supérieur, à gauche, a besoin d'une petite restauration.

20. 1026 — Mathieu Molé.
Superbe épreuve.

13. 1027 — Pierre Séguier. — 1635.
Superbe épreuve.

Sébastien **LECLERC.**

26. 1028 — Le Petit Berger (*Puer parvulus*).

Belle épreuve, avant la lettre, avec le nom de l'artiste, et avec le petit serpent près de l'enfant nu couché à terre.

Bernard **LÉPICIÉ**.

1029 — La Maîtresse d'école. — 1740.
Le Château de cartes.

Très-belles épreuves, avec l'adresse de *L. Surugue*, de deux morceaux d'après *Chardin*, qui se font pendants ; elles ont de grandes marges.

Eustache **LE SUEUR**.

Voyez le Peintre-Graveur français, tome I.

1030 — Sainte Famille à mi-corps, pièce unique de ce maître.

Très-belle et très-rare épreuve du premier état, avant l'adresse de *F. Bourlier*, et avant divers travaux. — Belle conservation.

Alexis **LOIR**.

1031 — La Vierge, l'Enfant Jésus et le petit saint Jean, d'après *Nicolas Loir.*

Très-belle épreuve du premier état, avec l'adresse du peintre.

Pierre **LOMBART**.

1032 — Henri, comte d'Arundel ; Philippe, comte de Pembrock, et dix portraits de femmes de la cour de Charles Ier. Ces douze portraits, connus sous le nom de *Comtes et Comtesses,* sont d'après *A. Van Dyck.*

Épreuves difficiles à rencontrer de cette beauté ; elles sont avec l'adresse du graveur.

1033 — Olivier Cromwell cuirassé et tenant le bâton de commandement ; il est accompagné d'un page.

Ce portrait, d'après *Van Dyck*, est fort rare.

Philippe-Jacques **LOUTHERBOURG**.

1034 — Tranquillité champêtre.

Belle épreuve, avec l'adresse de *Martinet*.

Jacques **LUBIN**.

1035 — Le Sépulcre de N.-S. Jésus-Christ, d'après *E. Le Sueur*.

Très-belle épreuve, avec l'adresse d'*Ét. Picart*, et, avant les armes, la dédicace à Mlle de Guise et le nom du graveur.

Adrien **MANGLARD**.

Voyez le Peintre-Graveur français, tome II.

1036 — Le Grain. — 1753. (5).

Très-belle épreuve du premier état.

Antoine **DE MARCENAY**.

1037 — Rembrandt, d'après le portrait qu'il a peint lui-même. — 1755.

Belle épreuve, avec l'adresse du graveur.

1038 — Le Maréchal de Saxe, d'après *Liotard*.

Superbe épreuve, avant toute lettre.

Antoine **MASSON**.

Voyez le Peintre-Graveur français, tome II.

1039 — Marin Cureau de La Chambre. (24).

Admirable épreuve du premier état de l'un des chefs-d'œuvre du maître.

1040 — Louis XIV. (41) *.

Très-belle épreuve d'une pièce *rarissime.* — Collect. *Revil,* 1830.

1041 — Le même portrait placé à côté de celui de Louis XIII.

(*) *M. Robert-Dumesnil* n'a vu qu'une seule épreuve de ce portrait (encore *n'était-elle pas dans son intégralité*) et il parle de *quelques travaux, à gauche, qui semblent indiquer une seconde branche de palmes, et peut-être un autre buste, pendant du précédent.* Notre épreuve confirme la première conjecture de l'auteur du *Peintre-Graveur français,* car on y voit la seconde branche de palmier tout entière : quant à l'autre conjecture relative à un second buste, elle est également confirmée par l'estampe que nous décrivons au numéro 41.

Le buste de Louis XIII est posé sur un pié-
douche comme celui de Louis XIV, et les
deux piédouches reposent sur un socle au
milieu duquel on lit un quatrain signé
P. de La Serre. Pièce *inédite,* aussi rare que
la précédente.

1042 — Charles Patin. (60).

Belle épreuve, avec l'Inscription : *In effigiem,* etc.

Claude MELLAN.

1043 — Henriette-Marie de Buade Frontenac.—1641.

Supérbe épreuve du premier état, avant l'adresse.

1044 — Louise-Marie de Gonzague, reine de Pologne.
1645.

Très-belle épreuve.

1045 — Le duc de Lesdiguières. — 1633.

Fort belle épreuve.

1046 — Mathieu Molé.

Superbe épreuve du premier état, avant que la planche aît été
réduite, et avant l'adresse d'*Odieuvre.*

1047 — Nicolas-Claude Fabri de Peiresc. — 1637.

Superbe épreuve du premier état, avant l'adresse d'*Odieuvre,* etc.—
Elle est signée *P. Mariette,* 1653.

1048 — Le Cardinal de Richelieu.

Très-belle épreuve.

1049 — Pierre Séguier. — 1639.

Superbe épreuve du premier état, avant les inscriptions : *Mellan F.,*
en haut : *anno œtatis suœ* 51, en bas, etc.

N. B. La conservation des sept portraits gravés par *Mellan* est
parfaite.

Jean **MORIN.**

Voyez le Peintre-Graveur français, tome ii.

3 1 . 1050 — La sainte Vierge, d'après *Raphaël.* (14).

Très-belle épreuve, parfaitement bien conservée.

18 1051 — La Vierge de douleur, d'après *An. Carrache.*
(17.

Très-belle épreuve, conservation parfaite.

37 1052 — Anne d'Autriche, d'après *Ph. de Champaigne.*
(40).

Superbe épreuve; avec toute sa marge *.

2 1 1053 — Anne d'Autriche, d'après un autre portrait
du même peintre. (41).

Très-belle épreuve, avec grandes marges.

17.50 1054 — Arnauld d'Andilly (Robert), d'après *Ph. de
Champaigne.* (42).

Superbe épreuve.

1 0 1 1055 — Bentivoglio (le cardinal), d'après le portrait
de *Van Dyck* qu'on voit dans le palais Pitti,
à Florence. (43).

Superbe épreuve.

2 5 1056 — Borromée (saint Charles), d'après *Ph. de
Champaigne.* (45).

Très-belle épreuve, avec de jolies marges.

1057 — Le même saint, d'après le même peintre.
(46).

Très-belle épreuve.

(*) Les portraits dont l'état n'est pas désigné n'ont qu'un seul état.

1058 — Camus (Jean-Pierre), d'après *Ph. de Champaigne*. (49).

Très-belle épreuve.

1059 — Chrystin (N), d'après *A. Van Dyck*. (51).

Fort belle épreuve.

1060 — Gondy (J.-Fr.-Paul de), cardinal de Retz, d'après *Ph. de Champaigne*. (54).

Superbe épreuve.

1061 — Grimberghe (H. de), comtesse de Bossu, d'après *Van Dyck*. (55).

Très-belle épreuve.

1062 — La même dame, plus âgée, d'après *Van Dyck*. (56).

Très-belle épreuve, avec de jolies marges.

1063 — Henri II, roi de France, d'après *Janet*. (59).

Superbe épreuve à grandes marges.

1064 — Henri IV, roi de France, d'après *Ferdinand*. (60).

Superbe épreuve, avec toute sa marge.

1065 — Jansénius (Corneille), (61).

La marge du bas de ce portrait est coupée de telle sorte qu'on ne peut désigner l'état de l'épreuve, fort belle du reste.

1066 — Lémon (Marguerite), d'après *Van Dyck*. (62).

Très-belle épreuve, du second état.

1067 — Louis XI, roi de France. (63).

Superbe épreuve, du premier état, avant toute lettre ; nous la croyons *unique*.

1068 — Louis XIII, roi de France, d'après *Ph. de Champaigne*. (64).

Très-belle épreuve.

1069 — Maugis des Granges (Pierre), d'après *Ph. de Champaigne*. (67).

Superbe épreuve.

1070 — Mazarin (le cardinal), d'après *Ph. de Champaigne*. (68).

Très-belle épreuve, du premier état, avec de belles marges. — Collection *Debois*.

1071 — Philippe II, roi d'Espagne, d'après *le Titien*. (71).

Très-belle épreuve.

1072 — Sales (saint François de). (73).

Superbe épreuve, à grandes marges.

1073 — Talon (Omer), d'après *Ph. de Champaigne*. (74).

Très-belle épreuve, du second état, avec de belles marges.

1074 — Tarisse (Dom Jean Grégoire), d'après *F. Donstan* (75).

Superbe épreuve.

1075 — Tellier (Michel Le), d'après *Ph. de Champaigne*. (76).

Très-belle épreuve.

1076 — Thou (Augustin de), (77).

Fort belle épreuve, avec de grandes marges.

1077 — Thou (Christophe de). (78).

Très-belle épreuve.

1078 — Thou (Jacques-Auguste de), d'après *Ferdinand*. (79).

Très-belle épreuve.

1079 — Verger de Hauranne (Jean Du), d'après *Ph. de Champaigne*. (82).

Très-belle épreuve, du premier état.

1080 — Vignerod (J.-B. de), abbé de Richelieu, d'après *Ph. de Champaigne*. (85).

Superbe épreuve, du premier état.

N. B. Tous les portraits gravés par *J. Morin* sont d'une conservation remarquable, dans cette collection.

1081 — La Chasse aux canards, d'après *Fouquière*. (103).

Très-belle épreuve.

1082 — La Paysanne en marche, d'après *Fouquière*. (105).

Superbe épreuve, avec de grandes marges.

Robert NANTEUIL.

Voyez le Peintre-Graveur, tome IV.

1083 — Anne d'Autriche, d'après *Mignard*. — 1660. (22).

Très-belle épreuve, du troisième état.

1084 — Christine, reine de Suède, d'après un dessin de *S. Bourdon*, qui faisait partie de la collection de *lord Spencer*, et qui est entré dans la nôtre. — 1654. (67).

Très-belle épreuve, du premier état.

1085 — Colbert (J.-B[te]), d'après *Ph. de Champaigne*. — 1660. (71).

Admirable épreuve du premier état.

1086 — Condé (Louis de Bourbon, prince de). — 1662. (79).

Très-belle épreuve.

1087 — Fouquet (Nicolas), d'après un dessin du graveur. — 1661. (98).

Très-rare et fort belle épreuve du premier état; elle a de grandes marges.

1088 — Jeannin (Pierre). (112).

Très-belle épreuve.

1089 — Lamoignon (Guillaume de). (121).

Magnifique épreuve d'un premier état INÉDIT. Il est avant l'inscription : NANTEUIL AD VIVUM.... 1676, et avant la dédicace : OFFEREBAT ANTONIUS.... DE BUSSEAUX.

1090 — Le Tellier (Michel), d'après le dessin du graveur. (130).

Très-belle épreuve, signée *Mariette*, 1676.

1091 — Le Vayer (Fr. de La Mothe), d'après le dessin du graveur. — 1661. (143).

Superbe épreuve, du second état, avec de grandes marges.

1092 — Mazarin (le cardinal), d'après *Mignard*. — 1661. (187).

Superbe épreuve, du premier état.

1093 — Richelieu (le cardinal de), d'après *Ph. de Champaigne*. — 1657 (218).

Superbe épreuve, du premier état.

1094 — Scudéry (Georges de), d'après le dessin du graveur (221).

Très-belle épreuve, du premier état; elle est signée *P. Mariette*, 1654.

Jean-Pierre **NORBLIN.**

1095 — Militaire debout dans une chambre éclairée par une lampe : il tient une lance dans sa main droite. Une femme, debout derrière lui, appuie sa main sur son épaule.

Superbe épreuve, tirée sur papier de la Chine.

Jean-Baptiste **OUDRY.**

Voyez le Peintre-Graveur français, tome II.

1096 — Suite complète de quatre sujets de chasse. 1725. (1 à 4).

Le frontispice, qui porte l'adresse de *Huquier*, est du troisième état ; les trois autres morceaux (2 à 4) sont du second état, avant les numéros. — Belle conservation.

1097 — Le Chien braque en arrêt. (5).

Très-rare et très-belle épreuve du premier état, à l'eau-forte pure, du chef-d'œuvre du maître.

1098 — Le Chien braque en arrêt. (5).

Épreuve de la planche terminée ; elle n'a pas de marge.

Jean **PESNE.**

Voyez le Peintre-Graveur français, tome III.

1099 — Portrait de Nicolas Poussin. (6).

Superbe épreuve du premier état et d'une conservation parfaite, avec grandes marges.

1100 — La Vierge et l'enfant Jésus, d'après *N. Poussin*. (7).

Très-belle épreuve, du second état.

1101 — Le Baptême de Jésus-Christ, d'après *N. Poussin*. (10).

Belle épreuve, du second état.

1102 — La Sainte Famille servie par les anges, d'après *N. Poussin*. (16).

Rare et superbe épreuve du premier état, d'une conservation parfaite. — Belles marges.

1103 — La Mort de Saphire, d'après *N. Poussin*. (19).

Rare et très-belle épreuve du premier état.

1104 — Les Sacrements d'après les tableaux que *N. Poussin* a peints pour *M de Chantelou*. (20 à 26).

Suite complète de sept pièces, toutes du premier état, avant l'adresse d'*Audran*. L'épreuve de la Confirmation est avant quelques travaux sur la joue du jeune homme debout derrière l'évêque, etc., travaux qu'on voit sur la plupart des épreuves avant l'adresse d'*Audran*. — Ces sept estampes, chefs-d'œuvre de l'heureux traducteur de *N. Poussin*, sont encadrées.

1105 — Le Testament d'Eudamidas, d'après *N. Poussin*. (29).

Très-rare épreuve du premier état, avant des troisièmes tailles sur le haut de la hampe de la lance; elle est mal conservée et tachée.

1106 — Sainte Famille, d'après *Raphaël*. (95).

Très-belle épreuve du second état, avant l'adresse de *Malbouré*.

1107 — Portrait de François Langlois de Chartres. (97).

Superbe épreuve du premier état. L'inscription : *Fr. Langlois, dit de Chartres*, et l'adresse de *N. Langlois*, ont été écrites dans la marge du bas, à la place où on a gravé : *François Langlois, natif de Chartres*, etc., sur les épreuves du second état.

Bernard **PICART**.

1108 — Le Massacre des Innocents. Pièce capitale du maître. — 1715.

Très-belle épreuve du premier état, avant la couronne sur la tête d'Hérode ; elle a de grandes marges, et sa conservation est parfaite.

1109 -- La Vendange, d'après un dessin qu'*Élisabeth Chéron* a fait d'une pierre antique gravée qui appartenait au cabinet du roi. Ce morceau est connu sous le nom de *Cachet de Michel-Ange*. — 1709.

Roger **DE PILES.**

Voyez le Peintre-Graveur français, tome II.

1110 — Portrait de Ch.-Alphonse Dufresnoy, peintre.

Très-belle épreuve, du second état, d'une pièce rare, la seule que l'on connaisse de ce maître.

Nicolas **PITAU.**

1111 — Portrait d'Alexandre Petau, conseiller au parlement de Paris, d'après *C. Lefevre.* — 1669.

Fort belle épreuve.

Michel **DE PLATE-MONTAGNE.**

Voyez le Peintre-Graveur français, tome V.

1112 — Débarquement de soldats. (5). — Ce morceau a pris le titre de : *Vue de Palerme en Sicile,* sur les épreuves du troisième état.

Très-belle épreuve du premier état.

Nicolas **DE PLATE-MONTAGNE.**

Voyez le Peintre-Graveur français, tome V.

1113 — François Ier, roi de France, d'après *Janet.* (23).

Très-belle épreuve.

1114 — Marie de Médicis, reine de France, d'après Porbus. (25).

Très-belle épreuve.

François **DE POILLY.**

1115 — La Sainte Famille, d'après *N. Poussin.*

Très-rare épreuve d'essai, avec l'enfant Jésus et le petit saint Jean non terminés. — Collection *Revil*, 1830.

1116 — La Vierge au berceau, d'après le tableau de *Raphaël* exposé au musée du Louvre.

Très-belle épreuve.

22

1117 — La Sainte Famille, dite *La Perle*, d'après le tableau de *Raphaël* qui est en Espagne.

Très-belle épreuve, avec l'adresse du graveur.

7-50

1118 — La Fuite en Égypte, d'après *le Guide*.

Très-belle épreuve.

34

1119 — Abraham Fabert, maréchal de France, d'après *L. Ferdinand*.

Très-belle épreuve.

80

1120 — Louise de Prie, maréchale de La Mothe-Houdancourt.

Superbe épreuve, avant la lettre.

P.-P. **PRUDHON.**

95

1121 — Phrosine et Mélidor.

Superbe épreuve de la plus grande rareté ; elle est avec l'inscription : *P. P. Prudhon inv. incidit.*, gravée à la pointe sur la marge encore blanche, et avant la tablette marbrée qu'on voit sur les épreuves dites avant la lettre, qui ont succédé à celle-ci.

Nicolas **REGNESSON.**

39

1122 — Portrait de la princesse de Conti, d'après *Beaubrun.*

Très-belle épreuve.

Jean-Louis **ROULLET.**

10,50

1123 — Le Christ mort sur les genoux de la Vierge, d'après *An. Carrache.*

Très-belle épreuve dont on ne peut constater l'état, parce que la marge du bas est coupée : elle est doublée.

2,50

1124 — Le Pape Alexandre VIII.

Très-belle épreuve avec l'adresse : *A Paris, rue Saint-Jacques, à l'image Saint-Benoît, C. P. R.*

1125 — Le Cardinal Étienne Le Camus, alors évêque de Grenoble.

Superbe épreuve, avant la lettre.

Augustin DE SAINT-AUBIN.

1126 — Jeune Fille à la fenêtre, d'après *Greuze*.

Jolie épreuve.

1127 — Portraits de N. Diderot, de J. d'Alembert, et des autres principaux collaborateurs de l'Encyclopédie, tous sur la même planche, d'après le dessin du graveur.

Belle épreuve avec le nom de l'artiste à la pointe : elle a toute sa marge.

1128 — Necker, d'après *G.-S. Duplessis*.

Très-belle épreuve avant la lettre, avec de grandes marges.

Jean DE SAINT-IGNY.

Voyez le Peintre-Graveur, tome VIII.

1129 — Le Joueur de musette. (42).

Belle épreuve, mais privée de sa marge qui contient un quatrain commençant par ce vers :

En jouant de ma cornemuse,

et sur laquelle se trouve l'adresse de l'éditeur. L'absence de cette marge ne permet pas d'indiquer l'état de l'épreuve.

Pierre SAVART.

1130 — François Rabelais, d'après le dessin de *Sarrabat*. — 1777.

Très-belle épreuve avant toute lettre et avec de belles marges.

Pierre van SCHUPPEN.

1131 — Louis XIV très-jeune, d'après *Vaillant*. — 1660.

Très-belle épreuve.

1132 — Louis XIV encore fort jeune, d'après *N. Mi-gnard.* — 1662.

Très-belle épreuve.

1133 — Pierre Séguier, d'après *Ch. Lebrun.* — 1662.

Très-belle épreuve.

1134 — Saint Vincent de Paule, d'après *Simon-François de Tours.* — 16⬤9.

Très-belle épreuve.

1134 bis. — Madame Deshoulières, d'après un portrait peint par *Élisabeth S. Chéron.* — 1695.

Charmante épreuve d'une grande finesse, avec l'adresse de *J. Villette.*

François **SPIERRE.**

1135 — La Vierge tenant sur ses genoux l'enfant Jésus qui cesse de teter pour prendre des fruits que saint Jean lui présente, d'après *le Corrége.*

Admirable épreuve du premier état, avant la lettre sur la banderolle, au bas du sujet, etc., et d'une très-belle conservation.

1136 — Portrait d'un commandeur de Malte, cuirassé et couvert d'un chapeau à plumes : il est debout près d'une table et vu jusqu'aux genoux. Un quatrain italien a été mis au-dessous du portrait. — 1659.

Très-belle épreuve.

Claudine Bouzonnet **STELLA.**

1137 — La Passion de Jésus-Christ, suite complète de quatorze pièces, d'après *Stella,* et non pas d'après *N. Poussin,* comme le graveur en lettres l'a mis au bas de la planche.

12

Antoinette Bouzonnet **STELLA**.

1138 — Des Bergers découvrent Romulus et Remus allaités par une louve, au bas du Tibre, d'après *Ant. Stella*.

Très-rare et superbe épreuve du premier état, avant le nom du peintre placé sur une pierre, au-dessous de l'urne qui sert d'appui à la figure du fleuve.

Pierre **SUBLEYRAS**.

Voyez le Peintre-Graveur français, tome II.

1139 — Le Serpent d'airain. — 1727. (2).

Épreuve du second état, avec la lettre. (Nous avons vu récemment une épreuve avant la lettre, dont M. *Robert-Dumesnil* ne parle pas, et qui constitue un premier état.)

Nicolas-Henri **TARDIEU**.

1140 — L'Embarquement pour Cythère, d'après le tableau de *A. Watteau* qui est exposé au musée du Louvre.

Très-belle épreuve, fort bien conservée.

1141 — Charles Rollin, d'après *C. Coypel*.

Belle épreuve.

Jacques-Nicolas **TARDIEU**.

1142 — Marie Leczinska, reine de France, d'après *Nattier*.

Très-belle épreuve, avec l'adresse du graveur.

Pierre-Alexandre **TARDIEU**.

1143 — Judith, d'après le tableau de *Christophe Allori*, qu'on voit au palais Pitti, à Florence. — 1791.

Très-belle épreuve avant la lettre, avec toute sa marge. Le graveur a écrit au crayon, tout à fait en bas et à droite : *Pour l'amy Blot* (Blot était un graveur contemporain d'Alex. Tardieu).

1144 — Le Comte d'Arundel, d'après *Van Dyck*.

Très-rare et fort belle épreuve du premier état, avant la lettre, la bordure et les armes de la maison d'Orléans ; seulement les noms des auteurs gravés au burin, et celui du personnage tracé en lettres anglaises : elle a toute sa marge.

1145 — Jean Bart. — 1781.

Très-belle épreuve avec de grandes marges.

1146 — Christine, reine de Suède, d'après *Bourdon*.

Belle épreuve avant une inscription au-dessous des armes de la maison d'Orléans, dite avant la lettre, dans cet état. Elle a toute sa marge.

1147 — Henri IV enfant, d'après *Janet*.

Très-belle épreuve du même état, et dans une condition tout à fait semblable à celle du portrait précédent.

1148 — Henri IV en pied, d'après le tableau de *Porbus*, qui est exposé au Louvre. — 1788.

Très-belle épreuve, du même état que les deux portraits précédents, et appartenant, comme eux, au recueil d'estampes connu sous le nom de la *Galerie d'Orléans*.

1149 — Henri IV en buste, dans un encadrement carré, d'après un autre tableau de *Porbus*.

Très-belle épreuve avec toute sa marge ; elle est avant l'inscription : *A Paris*, etc.

1150 — La Peyrouse. — 1793.

Très-belle épreuve avant la lettre, avec toute sa marge.

THÉODORE.

Voyez le Peintre-Graveur français, tome I.

1151 — La Petite Famille. (18.

Belle épreuve du second état, avec l'adresse de *Crépy* ; elle a de grandes marges.

Antoine **TROUVAIN.**

1152 — Le Père François de La Chaise, confesseur de Louis XIV.

Très-belle épreuve tirée avant que l'inscription latine ait été remplacée par un quatrain français; avant le nom du graveur et l'adresse de *B. Picart.*

1153 — Denise Camusat, femme de Pierre Le Petit, imprimeur libraire. — 1697.

Rare et très-belle épreuve avant l'inscription sur l'ovale, et avant les six vers français dans la tablette placée au-dessous de la bordure. — Grandes marges.

1154 — Le Maréchal de Vauban, alors lieutenant-général des armées du roi. — 1694.

Joseph **VERNET.**

1155 — Marine, avec cette inscription gravée à la pointe, au-dessous du trait carré, à droite en bas : *Joseph Vernet fecit.*

Simon **VOUET.**

Voyez le Peintre-Graveur français, tome v.

1156 — Sainte Famille. — 1633.

Belle épreuve du seul morceau gravé par ce célèbre peintre.

Claude-Henri **WATELET.**

1157 — Singes au corps-de-garde. — Les uns jouent près du feu; d'autres font une partie de cartes : un chat vagabond est amené devant le chef du poste.

Très-belle épreuve d'un joli morceau, d'après *Teniers;* elle est fort bien conservée, avec une grande marge.

Antoine **WATTEAU**.

Voyez le Peintre-Graveur, tome II.

1158 — L'Homme accoudé. (1).

Deux épreuves : la première terminée au burin, mais avant toute lettre, état dont M. *Robert-Dumesnil* ne parle pas.—La seconde épreuve, avec l'inscription : *Vateau* (sic) *inv. et fecit*, est du troisième état de M. R.-D., qui en a décrit cinq.— Il y en a six, au moins.

La Femme assise (7).

Deux épreuves : l'état de chacune d'elles correspond à l'un des deux états de l'Homme accoudé.

Quatre estampes sur la même feuille.

1159 — Le Promeneur vu de face. (2).
L'Homme appuyé. (3).
Le Promeneur vu de profil. (4).

Épreuves du troisième état de M. R.-D.
Trois estampes sur la même feuille.

1160 — La Femme marchant à gauche. (5).

Deux épreuves : la première, d'un état *inédit*, à l'eau-forte pure, mais avec le trait carré qui n'existait pas sur l'épreuve du premier état de M. R.-D. Ce qui caractérise surtout la nôtre, c'est que le fond, à droite, ne présente pas encore *les habitations* dont parle M. R.-D. dans la description de cette charmante pièce, et qu'on voit, à la place qu'elles occuperont plus tard, un bouquet d'arbres dont le plus élevé touche presque le bord supérieur de la planche. — La seconde épreuve est du troisième état de M. R.-D.

La Femme marchant au fond. (6).

Deux épreuves : la première, d'un état *inédit*, à l'eau-forte pure, mais avec un trait carré, comme notre première épreuve du numéro 5. Dans cette rarissime épreuve, le pignon d'une maison avec borne, dont il est question dans la description de M. R.-D., est à peine indiqué. La borne seule est très-exactement exprimée. — La seconde épreuve est du troisième état de M. R.-D.

Quatre estampes sur la même feuille.

Jean-Georges **WILLE.**

1161 — La Ménagère hollandaise, d'après *G. Dow.* — 1757.

Très-belle épreuve avec la lettre; sur cette épreuve les mots : *Vient P.*, tracés à rebours dans la marge supérieure, à gauche, sont très-lisibles.

1162 — Jeune joueur d'instrument, d'après *Schalken.* — 1762.

Très-belle épreuve avec la lettre. Les mots *Neunte Platte*, et la date 1762, qu'on lit sur la marge à gauche, en haut, sont fort apparents.

1163 — L'Instruction paternelle, d'après *Terburg.* Chef-d'œuvre du maître, connu sous le nom de la *Robe de Satin.*

Superbe épreuve : elle est avec la lettre ; mais l'inscription : *Elfte Platte*, tracée très-légèrement sur la marge supérieure, à gauche, est très-lisible, et dénote une toute première épreuve.

1164 — Portrait de l'abbé Prévost, d'après *C.-N. Cochin.* — 1746.

Très-belle épreuve.

1165 — Portrait de Frédéric II, roi de Prusse, d'après *Ant. Pesne.* — 1757.

Très-belle épreuve, avec toute sa marge.

1166 — Portrait de Nicolas de Catinat, maréchal de France.

Très-belle épreuve, avec l'adresse d'*Odieuvre.*

Pierre **WOEIRIOT.**

Voyez le Peintre-Graveur, tome VII.

1167 — La Bataille de Constantin, contre Maxence, d'après *Raphaël.* (208).

Très-belle épreuve du premier état, avant la séparation de la planche en deux parties.

1168 — Tableaux du cabinet du Roi, première partie. *Paris*, de l'Imprimerie Royale, 1679, grand in-fol. veau marbré, doré sur tranche, avec les armes.

Fort bel exemplaire d'un recueil qui contient trente-sept estampes gravées au burin par *G. Audran*, *Ét. Baudet*, *G. et J. Édelinck frères*, *Ét. Picart*, *G. Rousselet*, *G. Scotin et S. Thomassin*, d'après les plus beaux tableaux de la magnifique collection placée autrefois à Versailles, aujourd'hui au Louvre. (La Sainte Famille, gravée par *G. Édelinck*, d'après *Raphaël*, et les Pèlerins d'Émaüs, d'après *le Titien*, estampes d'un grand prix, lorsqu'elles sont d'un bel état, ont été enlevées de ce volume, probablement parce qu'elles remplissaient cette condition.) Les trente-sept estampes qui restent sont d'un beau tirage : quelques-unes portent le nom de *Goyton*, célèbre imprimeur. — L'épreuve de l'Enlèvement de Déjanire, gravé par *G. Rousselet*, d'après *le Guide*, est avant toute lettre.

1169 — Les Hommes illustres qui ont paru en France pendant ce siècle, avec leurs portraits au naturel, par M. Perrault, de l'Académie française. *A. Paris*, chez Antoine Dezallier, 1696, 2 vol. in-fol., ancienne rel.

Ce beau livre renferme 102 portraits, presque tous en belles épreuves, dont 47 sont gravés par *G. Édelinck*. Les portraits d'Ant. Arnauld et de B. Pascal, gravés par *L. Simonneau et G. Édelinck*, remplacés par ceux de Du Cange et de Louis Thomassin, se trouvent à la fin du premier volume. Voyez dans le Peintre-Graveur français, tome vii, p. 228, une note relative au remplacement de ces portraits, les uns par les autres.

ÉCOLE ANGLAISE

James Mac **ARDELL**.

1170 — Portraits en pied de Rubens et de sa femme, d'après le tableau de *Rubens* qui fait partie de la collection du duc de Malborough.

Superbe épreuve avant toute lettre. — Collect. *Debois*.

François **BARTOLOZZI**.

1171 — Clytie, d'après *An. Carrache*. — 1772.
Très-belle épreuve.

1172 — Léda, d'après *Fr. Boucher*.
Épreuve avant toute lettre, et de la plus belle conservation.

T. **BLACKMORE**.

1173 — Portrait d'homme à moustaches, tête nue, — d'après *A. Van Dyck* : il est enveloppé dans un ample manteau qui ne laisse voir que sa main gauche gantée, au-dessus de la poignée de son épée. — Sans indication du personnage.

Très-belle épreuve avec l'adresse de *P. P. Sayer*. — Grandes marges.

Richard **EARLOM**.

1174 — Marie Madeleine lavant les pieds de Jésus-Christ, d'après *Rubens*. — 1777.

Superbe épreuve avant la lettre : seulement avec les armes, les noms d'auteurs et la date de la publication par *J. Boydell*.

1175 — Portrait équestre du duc d'Aremberg, d'après *A. Van Dyck.*—1783.

Superbe épreuve avant la lettre : on ne voit sur la marge que les armes, les noms d'auteurs, celui de l'éditeur *J. Boydell*, et la date de la publication.

Guillaume **FAITHORNE.**

1176 — Portrait de Charles Ier, roi d'Angleterre, d'après *A. Van Dyck.*

Belle épreuve qui a besoin d'une petite restauration à l'angle supérieur de la planche, à droite.

Graveur anonyme, a la manière noire.

1177 — The Queen Mother (la Reine Mère) : au-dessous de l'inscription, on lit à gauche : *A. Van Dyck, pinxit*, et à droite : *E. Cooper, ex.*

T. **HARDY.**

1178 — Joseph Haydn, d'après le portrait peint par le graveur. — 1792.

Francis **HAWARD.**

1179 — Portrait de Caroline - Geneviève - Louise.... d'Eon de Beaumont, chevalier de Saint-Louis, capitaine de dragons, etc... (l'inscription est en anglais); d'après une copie de *Latour*, peinte par *Angelica Kauffman.* — 1788.

Robert **STRANGE.**

1180 — Charles prince de Galles, Jacques duc d'Yorck et la princesse Marie, enfants du roi Charles Ier, d'après *A. Van Dyck.* (L'inscription est en anglais.)

Superbe épreuve avec toute sa marge, d'une conservation parfaite.

George **VERTUE.**

1181 — Portrait de J. Milton. — 1725.

François **VIVARÈS.**

1182 — Ruines antiques au bord de la mer, d'après *Claude Lorrain.* — 1742.

George **WHITE.**

1183 — Jean-Baptiste Monnoyer, peintre de fleurs, d'après *G. Kneller.* — 1715.

Très-belle épreuve.

William **WOOLLETT.**

1184 — Pierre-Paul Rubens, d'après *A. Van Dyck.*

Superbe épreuve, avec l'adresse de *Bradford.*

LIVRES

Sur la connaissance des Estampes, et Catalogues de Collections célèbres.

7.50 1185 — Dictionnaire des graveurs anciens et modernes, etc., par F. Basan. *Paris*, 1767, 3 vol.
in-12, rel. ancienne.

Le troisième volume renferme le Catalogue des estampes gravées d'après P.-P.
Rubens.

10 1186 — Dictionnaire des graveurs anciens et modernes, etc., par F. Basan, 2ᵉ édition. *Paris*,
1789, 2 vol. in-8, reliés en un seul, demi-
reliure.

6.50 1187 — Notices sur les graveurs qui nous ont laissé
des estampes marquées de monogram-
mes, etc.... *Besançon*, 1807, 2 vol. in-8,
demi-reliure.

13.50 1188 — Manuel de l'amateur d'estampes, par M. Ch.
Le Blanc. *Paris*, *P. Jannet*, 1850-1854.—
Les cinq livraisons parues jusqu'à ce jour.

15 1189 — Essai sur les Nielles, par Duchesne aîné.
Paris, *Merlin*, 1826, in-8, demi-rel.

Voyage d'un Iconophile, par Duchesne
aîné. *Paris*, *Heideloff et Campé*, 1834, in-8,
grand papier vélin, demi-rel.

63 · 1190 — Le Peintre-Graveur, par Adam Bartsch. *Vienne*, 1803-1818, exemplaire incomplet: tomes I, IV, XI, XII, XIV à XIX; en tout 12 vol. in-8, dont 11 sont cartonnés: le tome XII est broché.

48 1191 — Le Peintre-Graveur français par M. Robert Dumesnil. *Paris*, *G. Warée*, 1835-1850, 8 vol. reliés en quatre, demi-rel.

8 1192 — Catalogue raisonné de toutes les estampes qui forment l'œuvre de Rembrandt, etc. Nouvelle édition par le chevalier de Claussin. *Paris*, imprimerie de *F. Didot*, 1824, in-8, cartonné.

12.50 1193 — Catalogue raisonné de la collection d'estampes de M. Ch. de Valois, par F.-L. Regnault. *Paris*, 1805, chez l'auteur.

Catalogue d'estampes et de dessins vendus après le décès de Mme Alibert, par M. F.-L. Regnault. *Paris*, chez l'auteur, 1803.

Catalogue raisonné du cabinet de Saint-Yves par F.-L. Regnault. *Paris*, chez l'auteur, 1803.

Catalogue de la précieuse collection d'estampes recueillie par M. Ed. D... (Durand), rédigé par N. Bénard. *Paris*, *N. Bénard*, 1821.

Ces quatre catalogues ont été reliés en un vol., demi-rel.

1194 — Catalogue raisonné du cabinet de M. de Sil-
vestre, par F.-L. Regnault-Delalande.
Paris, chez l'auteur, 1810, in-8, demi-rel.,
avec les prix.

1195 — Catalogue raisonné des estampes du cabinet
de M. le comte Rigal, par F.-L. Regnault-
Delalande. *Paris,* imprimerie de *Leblanc,*
1817.

1196 — Catalogue raisonné des estampes du cabinet
Logette, par F.-L. Regnault-Delalande.
Paris, imprimerie de *Leblanc,* 1817.

Catalogue d'une collection d'estampes
anciennes provenant du cabinet de M. le
comte V... P. (Vincent Potocki), par F.-L.
Regnault-Delalande. *Paris,* chez l'auteur,
1820, avec les prix.

Catalogue raisonné des estampes qui
composaient le cabinet Rossi, par F.-L.
Regnault-Delalande. *Paris,* imprimerie de
Leblanc, 1822.

1197 — Catalogue de la collection d'estampes anciennes et modernes recueillies par M. N.
Revil, rédigé par Pieri Bénard. *Paris,* 1830.

Catalogue raisonné de la rare et précieuse collection d'estampes provenant du
cabinet de M. R. (Revil), par P. Defer.
Paris, 1838.

1198 — Catalogue des estampes de Rembrandt, de
F. Bol, etc., colligées par M. Robert-
Dumesnil. *Paris,* imprimerie de Mᵐᵉ *Huzard,*
1835.

Catalogue des estampes des écoles allemande, flamande, etc., colligées par M. Robert-Dumesnil. *Paris,* imprimerie de Mme *Huzard*, 1837.

Catalogue des estampes des écoles d'Italie et d'Espagne, colligées par M. Robert-Dumesnil. *Paris,* imprimerie de Mme *Huzard*, 1838.

Catalogue d'une collection d'estampes anciennes provenant du cabinet de M. R.-D. *Paris,* imprimerie de Vinchon, 1843.

Catalogue d'une collection d'estampes anciennes provenant du cabinet de M. R-D. *Paris,* imprimerie de Vinchon, 1844.

Catalogue d'une vente d'estampes anciennes, etc .., provenant du cabinet de M. R.-D. *Paris,* imprimerie de Vinchon, 1845.

Catalogue d'estampes anciennes à l'eau-forte et au burin, provenant de la collection de M. R.-D. *Paris,* Maulde et Renou, 1854.

Catalogue d'estampes anciennes, provenant de la collection de M. R.-D. *Paris,* Maulde et Renou, 1856.

1199 — Catalogue raisonné des estampes anciennes, qui composaient la collection de M. de Poggi, par P. Defer. *Paris,* 1836.

Catalogue raisonné de la collection d'estampes, réunie par les soins de M. Debois, rédigé par M. P. Defer. *Paris,* imprimerie de Vinchon, 1843.

1200 — Catalogue des estampes anciennes formant la collection de M. Delbecq de Gand, par MM. Delande et Thoré. — Trois parties. *Paris*, imprimerie de Hennuyer et Turpin, 1845.

1201 — Catalogue de la troisième partie du célèbre cabinet de gravures et eaux-fortes du baron Verstolk de Soëlen. Vente le 31 mars 1851. *Amsterdam*, chez W. Willems.

Catalogue raisonné d'une belle collection d'estampes qui composaient le cabinet de M. B... D..., par P. Defer. *Paris*, imprimerie Maulde et Renou, 1854.

Catalogue de la curieuse et intéressante collection composant le cabinet du baron Ch. de Vèze. *Paris*, Maulde et Renou, 1855.

1202 — Catalogue de la riche collection d'estampes et de dessins composant le cabinet de M. F. Van den Zande, rédigé par F. Guichardot. *Paris*, imprimerie de Guyot et Scribe, 1855.

1203 — Catalogue raisonné de la précieuse collection de dessins et d'estampes, au nombre de près de 30,000, formant le cabinet de M. Ch. Van Hulthem à Gand, vol. in-8, de 894 pages.

TABLE.

***

Écoles d'Italie et d'Espagne.

Agostino Veneziano 311, 312, 317, 320, 324 à 326, 332, 353, 355 et 356
Amato (Francesco)... 1
Amerighi (Michel-Angelo) da Caravaggio............... 2
Andreani. 131
Antoine de Trente, *voyez* Fantuzzi.
Barbiere (Domenico del)............................... 227 à 229
Barbieri (Francesco), dit le Guerchin.................... 3
Barocci (Federigo)...................................... 4 à 7
Beatrizet (Nicolas).................................... 8 et 9
Beccafumi (Domenico).................................. 10
Bella (Stefano della)................................. 11
Benedette (Le), *voyez* Castiglione.
Biscaino (Bartolommeo)............... .... 12 à 16
Bisi (Fra Bonaventura)................................ 17
Bolognese (Le), *voyez* Grimaldi.
Bonasone (Giulio).................................... 18 à 53
Bonzi (Pietro-Paulo), dit le Gobbo des Carraches. 55
Borgiani (Orazio).................................... 56 et 57
Brizio (Francesco)................................... 58 et 59
Caletti (Giuseppe), dit le Cremonese.................... 60 et 61
Camassei (Andrea).................................... 62
Campagnola (Giulio).................................. 63 et 64
Campagnola (Domenico)... .... 65 et 65 bis
Canal (Antonio), dit Canaletti....................... 66
Cantarini (Simone), dit le Pesarese.................... 67 à 71
Canuti (Domenico-Maria).............................. 72 et 73
Caraglio (Jacopo).................................... 74 et 75
Caravage (Le), *voyez* Amerighi.

Carpioni (Giulio) .... 76 et 77
Carracci (Lodovico) .... 78 à 81
Carracci (Agostino)................................. 82 à 105
Carracci (Annibale)................................ 106 à 120
Casa (Nic. della).................................... 122
Castiglione (Benedetto), dit le Benedette............... 123 à 125
Castiglione (Salvator) 126
Ciamberlano (Luca)................................. 127
Clairs obscurs...................................... 128 à 131
Cozza (Francesco).................................. 132
Cremonèse (Le), *voyez* Caletti.
Crespi (Guiseppe-Maria)............................ 133
Daven (Léon) .... 204 à 218
Diamantini (Giuseppe) 134
Dominique Florentin, *voyez* Barbiere.
Dughet (Gasparo), dit le Gaspre..................... 135
Espagnolet (L'), *voyez* Ribera.
Faccini (Pietro).................................... 136
Falcone (Angelo) 137
Fantuzzi (Antonio), dit Antoine de Trente............ 219 à 226
Farinato (Orazio)................................... 138
Fialetti (Odoardo) .... 139 à 141
Franco (Battista) 142
Gallestruzzi (Gio. Bat.) 143
Gaspre (Le), *voyez* Dughet.
Ghandini (Alessandro).............................. 129
Ghisi (Gio. Bat.), dit Jean-Baptiste Mantuan............ 144 à 146
Ghisi (Giogio), dit George Mantuan.................. 147 à 152
Ghisi (Adamo), dit Adam Mantuan .... 153 à 159
Ghisi (Diana)...................................... 160
Goya (Francesco)................................... 161 à 164
Grimaldi (Giovanni Francesco), dit le Bolognese......... 165
Guido Reni, dit le Guide .... 166 à 174
Imperiale (Girolamo)............................... 176
Lana (Lodovico).................................... 177
Leone (Guglielmo).................................. 178
Liano (Filippo), dit Philippe Napolitain............... 179
Lioni (Ottavio)..................................... 180
Loli (Lorenzo)...................................... 181
Lupresti (Gio. Bat.)................................. 182
Maîtres anonymes (vieux)........................... 183 et 184
Maîtres anonymes qui semblent être de l'école de Marc
    Antoine... 195 à 202
Maîtres anonymes dans le goût de Bonasone............ 54
Maîtres anonymes de l'école de Fontainebleau .... 231 à 249
Maîtres anonymes graveurs sur bois.................. 250 et 251
Maître anonyme de l'école d'An. Carrache 121

Maître anonyme de l'école du Guide	175
Maître anonyme au Monogramme 12 de la pl. III, *voyez* le tome XIX de Bartsch	252
Maîtres anonymes du dix-septième siècle, graveurs à l'eau-forte	253 à 261
Maître au dé (Le)	185 à 194
Mantegna (Andrea)	262 à 265
Mantuans (Les), *voyez* Ghisi.	
Maratta (Carlo)	266 et 267
Marc-Antoine Raimondi, *voyez* Raimondi.	
Marc de Ravenne	199, 319, 331, 345 et 354
Matei (F.)	268
Mattioli (Lodovico)	269
Mazzola (Francesco), dit le Parmesan	270 à 278
Meldolla (Andrea)	279 à 282
Mercati (Gio. Bat.)	283
Mola (Pietro-Francesco)	284 et 285
Moro (Battista-Angeli del)	286 à 298
Moro (Marco del)	299 et 300
Nicolas de Vicence	128 et 130
Oddi (Mauro)	301
Ottini (Pasquale)	302
Palma (Giacomo)	303
Parmesan (Le), *voyez* Mazzola.	
Passarotti (Bartolommeo)	304 et 305
Pesarèse (Le), *voyez* Cantarini.	
Philippe Napolitain, *voyez* Liano.	
Po (Pietro del)	306
Podesta (Giovanni Andrea)	307
Primaticcio (Francesco)	203
Procaccini (Camillo)	308 et 309
Raimondi (Marco-Antonio) 310, 313 à 316, 318, 321 à 323, 327 à 329, 333 à 344, 346 à	351
Ribera (Giuseppe), dit l'Espagnolet	357 à 365
Rosa (Salvator)	366
Rosa (Sisto), dit Badalocchio	367
Rossi (Girolamo)	368
Rota (Martino)	369
Rotari (Pietro conte)	370
Salimbeni (Ventura)	371
Santi (Domenico), dit le Mengazzino	372
Schiavone (Andrea)	373
Schidone (Bartolommeo)	374
Sirani (Giovanni-Andrea)	375
Sirani (Elisabetta)	376 à 378
Strada (Vespasiano)	379 à 381
Tempesta (Antonio)	382

Testa (Pietro).. 383 à 385
Tibaldi (Domenico) .... 386 et 387
Tiepolo (Gio. Bat.)...................................... 388
Tiziano Vecelli, dit le Titien 389
Ugo da Carpi 128
Valesio (Giovanni-Lodovico)............................. 390 et 391
Vanni (Francesco) 392
Vico (Aeneas) .... 393 à 403
Victoria (Vicenzo)....................................... 404

Ecole Allemande.

Aldegrever (Henri)....................................... 405
Altdorfer (Albert)....................................... 406
Beham (Barthélemy)....................................... 407
Beham (Hans Sebald) .... 408 à 411
Dietrich (Ch.-Guil.-Ern.)................................ 412 à 414
Durer (Albert)... 415 à 436
Hollar (Wenceslas)....................................... 427 à 447
Hopfer (Jérôme).. 448
Kilian (Lucas)... 449
Kolbe (Ch.-Guillaume) 450
Maitre au monogramme I. B. (Le) 451
Maitre au nom de Jésus-Christ (Le)....................... 452
Matsys (Corneille) 453
Pencz (George)... 454 à 461
Schmidt (George-Frédéric) .... 462 à 474
Schongauer (Martin)...................................... 475
Solis (Virgile).. 476, 477
Star (Thierry van).. 478

Ecoles Flamande et Hollandaise.

Baillu (Pierre de)....................................... 479
Bakhuysen (Ludolf)....................................... 480 à 483
Bary (Henri) 484
Berghem (Nicolas) .... 485 à 490
Bloemart (Corneille)..................................... 491
Bloteling (Abraham)........................... 492 à 495, 673
Boel (Pierre) 496
Bol (Ferdinand) .... 497 à 499
Bolswert (Schelte à)..................................... 500 à 510
Bolswert (Boëce à)....................................... 511, 512
Both (Jean).. 513, 514
Bout (Pierre) 515
Bruggen (Jean van der)................................... 674

Bry (Jean-Théodore de)............................... 516, 517
Clouet (Pierre)....................................... 518, 675
Cort (Corneille)...................................... 519, 520
Dalen le jeune (Corneille van)........................ 521 à 523
Danckerts (Dancker)................................... 524
Delff (Guillaume-Jacob)............................... 565
Demarne (Jean-Louis).................................. 525
Dujardin (Karel)...................................... 526 à 529
Dusart (Corneille).................................... 530
Dyck (Antoine van).................................... 531 à 558
Everdingen (Albert)................................... 695
Flamen (Albert)....................................... 696
Floris (Franc).. 697
Frey (Jean de).. 698 à 707
Fyt (Jean).. 708
Galle le vieux (Corneille)............................ 566
Galle le jeune (Corneille)............................ 640 à 642
Goltzius (Henri)...................................... 709, 710
Heil (Léo van).. 711
Hondius (Guillaume)................................... 567, 676
Houbraken (Jacob)............................... 712, 677 à 679
Jegher (Christophe)................................... 713 à 717
Jode (Arnold de)...................................... 568
Jode le vieux (Pierre de).................... 643, 644, 658, 659
Jode le jeune (Pierre de)................. 569 à 576, 629, 630
Jordaens (Jacques).................................... 720
Lairesse (Gérard de).................................. 721
Lauwers (Nicolas)..................................... 722
Livens (Jean)... 723, 724
Louys (Jean)..................................... 680, 681, 725
Lucas de Leyde.. 726 à 728
Lutma (Jean).. 729
Maître anonyme, graveur au burin...................... 730
Maîtres anonymes, graveurs à l'eau-forte.............. 731 à 733
Matham (Théodore)..................................... 660
Meer (Jean van der)................................... 734
Meyssens (Jean).................................. 650 à 653, 725
Miele (Jean).. 636, 637
Natalis (Michel)...................................... 654
Neeffs (Jacques)...................................... 631, 632
Orley (Richard van)................................... 738, 739
Ostade (Adrien van)................................... 740 à 748
Passe (Crispin de).................................... 749, 750
Pontius (Paul)............... 578 à 603, 667, 682, 750 à 755
Potter (Paul)... 756, 757
Queboore (Crispin van den)............................ 683
Rembrandt van Rhyn (Paul)............................. 758 à 783

Rodermont. 784

Rubens (Pierre-Paul). 785

Rucholle (Pierre). 655

Ruysdaël (Jacques). 787, 788

Ryckmans (Nicolas). 789

Sadeler (Gilles). 790, 791

Savoyen (Charles van). 792

Snayers (Pierre). 793

Snyers (Henri). 656

Sompel (Pierre van). . . . . 684 à 688

Son (..... de). 794

Stock (André). 604

Stoop (Thierry). 795, 796

Suyderhoëf. . . . . 689 à 692, 797 à 807

Swanevelt (Herman van). . . . . 808 à 812

Sweerts (Michel). 813

Teniers (Davis). . . . . 814 à 818

Velde (Jean van de). 819

Velde (Adrien van de). 820

Vermeulen (Corneille) . . . . 693, 821 à 823

Visscher (Corneille). . . . . 824 à 829

Visscher (Jean). . . . . 830 à 832

Visscher (Lambert). 833

Vivier (G. du). 834, 835

Voerst (Robert van). . . . . 605 à 607, 663

Vorsterman le vieux (Lucas) . . . . 608 à 625, 644 à 668, 836 à 848

Vorsterman le jeune (Lucas). 626, 669

Waterloo (Antoine). . . . . 849 à 851

Waumans (Conrad). . . . . 646 à 649, 852

Wierx (Antoine). 853

Witdoeck (Jean). . . . . 854 à 857

Wyck (Thomas). 858

Wyngaerde (François van den). 859

Zeeman (Renier Nooms dit). 860

École Française.

Anselin (Jean-Louis). 861

Audran (Gérard). . . . . 862 à 874

Audran (Benoît). 875, 876

Baléchou (Jean-Joseph). 877

Barras (Sébastien). 878

Beauvarlet (Jacques-Firmin) 879

Bernard (Samuel). 880, 881

Bervic (Charles-Clément) 882, 883

Boissieu (Jean-Jacques de). . . . . 884 à 910

Bosse (Abraham) . . . . 911 à 919

Boucher (François).. 920
Bourguignon (Le), *voyez* Courtois.(J)................
Bourdon (Sébastien)... 921
Boyvin (René).. 922, 923
Bullant (Jean)... 924
Callot (Jacques)... 925
Cars (Laurent)... 926
Chatillon (Louis de)... 927
Chauveau (François)...................................... 928, 929
Chéreau (François).. 930
Chéreau (Jacques) 931
Chéron (Louis) 932
Cochin (Charles-Nicolas) .... 933 à 935
Corneille (Michel-Ange)..................................... 936
Corneille (Jean-Baptiste).................................... 937
Courtois (Jacques), dit le Bourguignon..................... 938
Cousin (Jean)... 939
Coypel (Noël) 940
Coypel (Antoine)...................................... 941 à 943
Daret (Jean).. 944
Daret (Pierre).. 945
Daullé (Jean)... 946 à 950
Delaulne (Étienne)...................................... 951, 952
Delaunay.. 953
Deleu (Thomas) .... 954 à 957
Denon (Dominique-Vivant)............................. 958 à 960
Dorigny (Nicolas) 961
Drevet (Pierre).. 962, 963
Drevet (Pierre-Imbert) .... 964 à 968
Duchange (Gaspard) 969
Dumonstier (Geoffroy)...................................... 970
Dupuis.. 971
Édelinck (Gérard)..................................... 972 à 992
Édelinck (Nicolas) 993
Ferdinand (Louis) 994
Ficquet (Étienne)..................................... 995 à 1001
Gaultier (Léonard)................................... 1002 à 1006
Gellée (Claude), dit Claude le Lorrain .... 1007 à 1012
Grateloup (J.-B.) 1013
Grobon (Michel)..................................... 1014 à 1016
Habert.. 1017
Henriquez (Benoît-Louis) 1018
Jeaurat (Edme).. 1019
Lasne (Michel).................................... 1020 à 1027
Leclerc (Sébastien)... 1028
Lépicié (Bernard)... 1029
Lesueur (Eustache) 1030

Loir (Alexis) 1031
Lombart (Pierre) 1032, 1033
Lorrain (Claude), *voyez* Gellée.
Loutherbourg (Philippe-Jacques) 1034
Lubin (Jacques)... 1035
Manglard (Adrien)... 1036
Marcenay (Antoine de) 1037, 1038
Masson (Antoine)..................................... 1039 à 1042
Mellan (Claude)...................................... 1043 à 1049
Montagne, *voyez* Plate-Montagne.
Morin (Jean).. 1050 à 1082
Nanteuil (Robert)..................................... 1083 à 1094
Norblin (Jean-Pierre) 1095
Oudry (Jean-Baptiste)................................. 1096 à 1098
Pesne (Jean).. 1099 à 1107
Picart (Bernard)...................................... 1108 à 1109
Piles (Roger de).. 1110
Pitau (Nicolas) 1111
Plate-Montagne (Michel de) 1112
Plate-Montagne (Nicolas de)......................... 1113, 1114
Poilly (François de)................................... 1115 à 1120
Prud'hon (Pierre-Paul)...................................... 1121
Regnesson (Nicolas) 1122
Roullet (Jean-Louis) .... 1123 à 1125
Saint-Aubin (Augustin de) .... 1126 à 1128
Saint-Igny (Jean de) 1129
Savart (Pierre)... 1130
Schuppen (Pierre van) .... 1131 à 1134 bis
Spierre (François)..................................... 1135, 1136
Stella (Claudine Bouzonnet)................................ 1137
Stella (Antoinette Bouzonnet).............................. 1138
Subleyras (Pierre) 1139
Tardieu (Nicolas-Henri).............................. 1140, 1141
Tardieu (Jacques-Nicolas) 1142
Tardieu (Pierre-Alexandre)............................ 1143 à 1150
Théodore.. 1151
Trouvain (Antoine) .... 1152 à 1154
Vernet (Joseph).. 1155
Vouet (Simon).. 1156
Watelet (Claude-Henri)..................................... 1157
Watteau (Antoine)..................................... 1158 à 1160
Wille (Jean-Georges) .... 1161 à 1166
Woeiriot (Pierre).. 1167
Tableaux du cabinet du roi, volume in-folio............ 1168
Les Hommes illustres, par Perrault, 2 vol. in-folio..... 1169

École Anglaise.

Ardell (James-Mac)............................ 1170
Bartolozzi (François)......................... 1171,1172
Blackmore (F.)................................ 1173
Earlom (Richard).............................. 1174,1175
Faithorne (Guillaume)......................... 1176
Graveur anonyme à la manière noire 1177
Hardy (F.)................................... 1178
Haward (Francis).............................. 1179
Strange (Robert).............................. 1180
Vertue (George).............................. 1181
Vivarès (François)........................... 1182
White (George)............................... 1183
Woollett (William)........................... 1184
Livres sur la connaissance des estampes et catalogues
  de collections célèbres..................... 1185 à 1205

Maulde et Renou, Imprimeurs de la Compagnie des Commissaires-Priseurs,
rue de Rivoli, 144.   5562

ERRATA.

Page 10, nº 53, au commencement du second vers, au lieu de :
Fra per certo, lisez : *Fora per certo.*

— 16, entre le nº 81 et le nº 82, au lieu de : AGOSTINI CAR-
RACCI, lisez : AGOSTINO CARRACCI.

— 25, nº 129, après troisième section, n° 24, il faut lire :
épreuve du second état.

— 26, nº 130, après septième section, nº 8, il faut lire :
épreuve du second état.

— 62, nº 313, au lieu de : gravé par *Augustin de Venise*, lisez :
gravé par *Marc Antoine.*

— 97, neuvième ligne de la note, au lieu de : divers tats,
lisez : divers états.

— 101, quatrième ligne de la première note, au lieu de : par
l'éditeur G. H., lisez : pour l'éditeur G. H.

— 131, avant-dernière ligne de la note, au lieu de : grave de
son vivant, lisez : gravé de son vivant.

— 144, nº 869, au lieu de : épreuve de premier état, lisez :
épreuve du premier état.

— 145, nº 878, au lieu de : L. Maharkysius, lisez, L. Mahar-
kysus.

— 149, nº 915, au lieu de : seize planches gravées par *A. Bosse*,
lisez : seize planches gravées par *M. Tavernier*,
d'après *A. Bosse.*

— 177, nº 1135, au lieu de : le'nfant-Jésas, lisez, l'enfant-
Jésus.

SECOND ERRATA.

Page xiii de l'avant-propos, au lieu de : C'est seulement pendant
le dix-huitième siècle, lisez : C'est seulement pendant le dix-septième siècle.

— xvii, au lieu de Phrosine et Mésidor, lisez : Phrosine et Mélidor.

— 22, n° 115, après L. Sabattini, lisez : 1582.

— 33, n° 173, au lieu de : 1595, lisez : 1610.

— 45, n° 232, après L. Penni, lisez : (25).

— 46, n° 233, après Cléopâtre, au lieu de : (4), lisez : (41).

— 46, n° 241, après Primatice, au lieu de : (71), lisez : (81).

— 46, entre les n°ˢ 241 et 242, rayez les mots : deux estampes.

— 57, n° 291, au lieu de : Fuccia, lisez : Tucia.

— 60, n° 301, au lieu de : 1644, lisez : 1664.

— 63, n° 322, après Francia, lisez : (213).

— 65, n° 332, au lieu de : la statue d'Apollon du Belvédère,
lisez : la statue de l'Apollon du Belvédère.

— 69, n° 355, après Augustin de Venise, au lieu de : (587),
lisez : (537).

— 80, n° 415, après Adam et Ève, au lieu de : 1514, lisez :
1504.

Page 85, n° 457, après Médée, au lieu de : 1579, lisez : 1539.

— 93, n° 506, après Chasse anx Lions, lisez : Très-belle épreuve, avec l'adresse du graveur.

— 100, n° 557, après les mots : la planche, il faut ajouter : terminée, qui est le troisième du portrait.

— 120, n° 710, après Daventer, au lieu de : 1583, lisez : 1595.

— 132, n° 790, au lieu de : d'après le Basan, lisez : d'après le Bassan.

— 137, n° 827, au lieu de : Henderucus, lisez : Henderukus.

— 142, n° 856, au lieu de : l'Assomption. — 1679, lisez : l'Assomption. — 1639.

— 142, n° 859, après superbe épreuve, il faut effacer : Voyez le Peintre-Graveur.

— 147, n° 900, au lieu de : 1791, lisez : 1799.

— 148, n° 905, au lieu de : 9803, lisez : 1803.

— 155, après le n° 958, il faut ajouter : 958 bis. Les Lions, d'après *Quadal.* — Superbe épreuve, avant la lettre.

— 168, n° 1062, après très-belle épreuve, lisez : du premier état.

— 177, n° 1134, au lieu de : 1669, lisez : 1663.

— 179, au lieu de : n° 1746, lisez : n° 1146.

— 179, n° 1151, au lieu de : avec l'adresse de Crépy, lisez avant l'adresse de Crépy.

Imprimerie de MAULDE et RENOU, rue de Rivoli 144.

www.ingramcontent.com/pod-product-compliance
Ingram Content Group UK Ltd.
Pitfield, Milton Keynes, MK11 3LW, UK
UKHW021209140726
13695UKWH00002B/424